入門ドイツ語学研究

乙政 潤 著

Einführung in die germanistische Linguistik

東京 **大学書林** 発行

はしがき

　ドイツ語を学ぶとは，ドイツ語の文法や発音を覚え，表現や構文に慣れて，ドイツ語を使ってコミュニケーションすることができるようになることを意味している．この場合，ドイツ語は実践的な習得の対象である．

　ドイツ語を実地にある程度マスターした人が，こんどはドイツ語が言語としてどんな性格を持っているかを知ろうとすると，言語学の理論と知識を借りなければならない．この場合には，ドイツ語は理論的な考察と分析の対象となる．

　本書は，ドイツ語を理論的な考察と分析の対象とした場合，ドイツ言語学がどのような理論と分析手法を提供してくれるかを平易に解説した書物である．ドイツ語の言語としての基本的な性格を総括的な知識として与えてくれる日本語で書かれた書物はなかなか見あたらない．

　第1章は本書が扱おうとする問題領域の全体を見渡す概論部であるが，第2章の音韻論から第6章のテクスト言語学までは，ドイツ語の構造そのものの解説にあてている．そして，第7章の記号論をつなぎ部分として，第8章の語用論的言語学から第10章の社会言語学までは，ドイツ語の使われ方を扱っている．第二言語としてのドイツ語の教授と学習もここに含めたいところであるが，これは独自の発達した分野であるので，本書の分量の範囲内で扱いきれない．また，歴史的な考察については日本語で書かれたドイツ語史の参考書はほかで手に入れることができる．

　「ドイツ言語学とゲルマニスティク」という章は巻頭にあるのがふさわしいと思われるかもしれないが，わざと最後にまわした．具体的な知識が増えてから読んだほうが，冒頭で概念的に理解するよりもはるかに実感を伴って理解できると考えたからである．

　本書を通読すれば，ドイツ語学の研究にはどのような道があるか，またどんな研究分野があるかが，比較的容易に見渡すことができる．本書で得られた知識を基にして，あとは特定の方向の研究を専門的な文献を手がかりにして勉強を深めてゆけばよい．

　各章の解説に加えて，理解を深めるために設問が設けてある．本文のそれぞれの箇所で得た知識だけを手がかりにして解くことができる問題ばかりで

—i—

はしがき

あるから，一つ一つ解答を試みてほしい．自分で解答したうえで解説を読めば，あるいは巻末の解答例と照合すれば，自分の理解度をチェックすることができる．正解であれば，知識は確実に自分のものとなる．また，設問自体はたやすく解けるようにしてあるが，それぞれは深く追求すれば一個の研究テーマにまで発展させることができる．卒業論文のテーマを見つけたいような場合，設問からヒントを掴んでほしい．

索引は術語集を兼ねているので，見出しの術語を見て本文の解説を完全に思い出せるかどうかを試してみれば，ここでも自分の理解度をチェックすることができる．また，文献を読む際にも術語小辞典として活用してほしい．

原稿作成にあたって親切に助言してくださった，京都外国語大学英米語学科の小野隆啓教授にたいし深甚の謝意を捧げる．また，索引の作成と校正では，1999年から2001年にかけて京都外国語大学大学院でドイツ語学を専攻した竹内正樹君の世話になった．

著　者

目　　次

第1章　言語考察のレベルと局面 …………………………………………1
第2章　音韻論 ………………………………………………………………4
　　Ⅰ．音声と音素 …………………………………………………………4
　　Ⅱ．音声学 ………………………………………………………………6
　　Ⅲ．音素論 ………………………………………………………………9
第3章　形態論 ………………………………………………………………13
　　Ⅰ．「形態素」とは？ …………………………………………………13
　　Ⅱ．形態素の分類 ………………………………………………………13
　　Ⅲ．形態素と素形態 ……………………………………………………17
　　Ⅳ．ゼロ形態素と不連続形態素 ………………………………………18
　　Ⅴ．複合的な単語の形態素構造 ………………………………………19
　　Ⅵ．語形の変化と品詞の分類 …………………………………………20
　　Ⅶ．造語 …………………………………………………………………24
第4章　統語論 ………………………………………………………………27
　　Ⅰ．伝統的な統語論 ……………………………………………………27
　　Ⅱ．構造主義の統語論 …………………………………………………30
　　Ⅲ．直接構成素分析の問題点 …………………………………………36
　　Ⅳ．生成変形文法 ………………………………………………………37
　　Ⅴ．依存関係文法 ………………………………………………………43
第5章　意味論 ………………………………………………………………48
　　Ⅰ．「意味」の意味 ……………………………………………………48
　　Ⅱ．意味論の領域 ………………………………………………………51
　　Ⅲ．伝統的な意味論の功績 ……………………………………………51
　　　　Ⅲ-1．伝統的な意味論の通時的分野における功績 ……………52
　　　　Ⅲ-2．伝統的な意味論の共時的分野における功績 ……………55
　　Ⅳ．語場の理論 …………………………………………………………58
　　Ⅴ．成分分析 ……………………………………………………………61
　　Ⅵ．類義語の意味の区別 ………………………………………………63
　　Ⅶ．プロトタイプ意味論 ………………………………………………66

	Ⅷ．辞書の編集……………………………………………………66	
	Ⅸ．Duden の12巻の辞書…………………………………………68	
第6章	テクスト言語学………………………………………………………72	
	Ⅰ．テクスト…………………………………………………………72	
	Ⅱ．テクスト言語学…………………………………………………74	
	Ⅲ．結束構造と結束性………………………………………………74	
	Ⅳ．テーマ・レーマ分節……………………………………………77	
	Ⅴ．テーマ展開………………………………………………………79	
	Ⅵ．テーマ展開の主要な型…………………………………………81	
	Ⅶ．テクストの理解とテクスト外の知識…………………………84	
第7章	記号論…………………………………………………………………87	
	Ⅰ．イコン，インデックス，シンボル……………………………87	
	Ⅱ．伝統的な記号モデル……………………………………………90	
	Ⅲ．F. de Saussure が考えた記号モデル …………………………91	
	Ⅳ．K. Bühler の言語理論と記号モデル…………………………94	
	Ⅴ．記号論の三分野…………………………………………………95	
第8章	語用論的言語学………………………………………………………97	
	Ⅰ．ラングの研究とパロールの研究………………………………97	
	Ⅱ．行為としての発話の研究………………………………………98	
	Ⅲ．J. L. Austin……………………………………………………101	
	Ⅳ．J. R. Searle……………………………………………………102	
	Ⅴ．発話行為の分類………………………………………………104	
	Ⅵ．コミュニケーションにおける聞き手の役割………………106	
第9章	コミュニケーション………………………………………………110	
	Ⅰ．人間の行動とコミュニケーションの関係…………………110	
	Ⅱ．言語コミュニケーションのモデル…………………………111	
	Ⅱ-1．コミュニケーションの最も単純化したモデル………111	
	Ⅱ-2．やや精密なコミュニケーション・モデル……………112	
	Ⅱ-3．精密なコミュニケーション・モデル…………………114	
	Ⅲ．言語的メッセージと身体的メッセージ……………………116	
	Ⅳ．会話分析………………………………………………………118	
	Ⅴ．会話におけるノンバーバルな行動のはたらき……………122	

目　　次

第10章　社会言語学 ……………………………………………124
　　　　Ⅰ．社会言語学という名称 ……………………………124
　　　　Ⅱ．ケーススタディとしての社会言語学的研究 ………125
　　　　Ⅲ．B. Bernstein と欠損仮説 …………………………127
　　　　Ⅳ．W. Labov と差異仮説 ……………………………129
　　　　Ⅴ．差異仮説の問題点 …………………………………131
　　　　Ⅵ．社会言語学の諸分野 ………………………………131
第11章　言語の定義 ……………………………………………136
第12章　ドイツ言語学とゲルマニスティク …………………138

設問の解答例 ……………………………………………………141
参考文献 …………………………………………………………172
索引
　　　　Ⅰ．事項索引 ……………………………………………173
　　　　Ⅱ．人名索引 ……………………………………………190

第1章　言語考察のレベルと局面

　ある対象の構成を知るための確実な道は，対象を構成している単位に分けて，単位の範囲内で考察することである．それも小さな単位から始めて，次第に大きな単位へと考察を及ぼすのがよい．小さな単位はそれだけに単純であるし，大きくなればなるほど複雑になるからである．

　それでは，ドイツ語にはどのような単位が考えられるであろうか．日常的な言葉づかいで言い表すなら，書き言葉の場合いちばん小さな単位は文字であろうし，文字が集まって綴りが作られ，綴りが集まって単語が出来，単語が組み合わされて文が作られる．そして，文が綴られると文章となる．話し言葉の場合はいちばん小さな単位は音声であろうし，音声が集まって綴りが成立し，綴りが寄り集まって単語が出来，あとは書き言葉の場合とおなじように単語が組み合わされて文が作られる．そして，文が綴られると文章となる．

　上で「綴り」と言っているのは**音節 Sprechsilbe** のことで，単語をゆっくりと発音してみると自然に切れる単位である．単語が綴り一つでできていることもある．それは単綴の単語である．

　ドイツ語を考察の対象とするというとき，対象という言葉には二つの意味が含まれている．一つはドイツ語が言語としてどのような構成になっているかを考察する局面．もう一つはドイツ語が言語としてどのようなはたらきをするかを考察する局面．構成という言葉の意味には「動き」は含まれていないから，前者はドイツ語の静的な局面の考察である．一方，はたらきという言葉の意味には「動き」が含まれているから，後者はドイツ語の動的な局面の考察である．

設問1　次の単語を綴りに分けてみよ．
　　Finger, fliehen, Herbst, Verbindung, Erziehungsministerium, Geschichte, langweilig

言語のこのような構成に特徴的なのは，それぞれの単位が階層を作っていることである．つまり，上位の単位と下位の単位という関係が見出されることである．しかも，上の単位の階層が下の単位の階層に対して支配する力を持っている．たとえば，文章次第でどのような文を作るかが決まり，作ろうとする文の意味がどの単語とどの単語を選ぶべきかを決め，これらの単語が必要な綴りを決め，綴りが決まってこそ必要な音声が決まるのである．

　上の階層が下の階層を支配するシステムを社会学でヒエラルヒー Hierarchie（階統制・位階制）という．言語学はこの術語を借りて，言語の各階層は**ヒエラルヒー**を作っていると言う．また，階層のことを階統や位階と呼ぶ代わりに**レベル Ebene** と言うのが普通である．そこで，言語は各レベルが互いにヒエラルヒーを作っているシステムだと言うことができる．

　以下，第2章からはこのヒエラルヒーにしたがって，最も下のレベルから始めることにする．書かれた言語よりも話された言語のほうがもともと自然な姿であるという意味で，第2章は言語の最小の単位である「音」のレベルを扱う．続いて第3章では「語」のレベルを対象とし，第4章ではじめて「文」のレベルに到達する．ここまでは，いわば意味の入れ物としての言語の外形の考察である．

　一方，入れ物に対する内容に当たるのは，言語の場合，意味である．意味は入れ物に盛られる内容であってレベルの一つではないし，どれか特定のレベルにだけ関係している訳ではない．意味は「音」のレベルにも関係しているし，「語」のレベルではなおのこと深く関係している．当然のことに，意味は文のレベルにも文章のレベルにも関わってくる．ただ，本書の第5章ではとくに「語」のレベルにおける意味を観察する．

　言語の考察は，従来，「音」のレベル，「語」のレベル，「文」のレベルに終始してきた．そして「文章」のレベルにまでは目を向けなかった．現在でもまだ大方の考察は「文」のレベルにとどまっている．「文章」のレベルにまで考察の目を注ぎ始めたのは1970年代に入ってからである．

　それまで「文」のレベルにとどまっていた考察の目が「文章」のレベルにまで向けられたのは，言語考察の視野が広がったからである．そして，言語考察の視野が「文」から「文章」へと広がったのは，人間と人間の意志疎通――つまりコミュニケーション――にはふつう「文」ではなくて「文章」が使われることが人々の注意を改めて惹いたからである．同時に，人間のコミ

ュニケーションには意志疎通しようとする人間の意志が強く感じられる．言語学では，70年代に入って，言語の使用者としての「人間」がいわばクローズアップされたのであった．

　「文章」のことを言語学では**テクスト Text** というが，70年代になると「テクスト文法」とか「テクスト言語学」などと呼ばれる言語考察が一つの独立した言語学の分野として認められてくる．本書では第6章で「文章」のレベルでの考察を扱うが，このことは，本書でも第6章を境として，第6章以後では言語ばかりか言語を使う主体としての人間も考察の視野のなかに入れることを意味している．つまり，第6章までは言語の静的な局面を考察するのに対して，第7章以下では言語の動的な局面を考察することになる．

　第8章のタイトルになっている**語用論 Pragmatik** は「実用論」とも訳され，訳語が示しているように，ここでは「言語を用いる」主体である人間や，人間が言語を「実地に用いる」すがたが考察の前面に押し出されている．第9章で取り上げるコミュニケーションでは，言語を使用する人間を取り巻く環境にまで目が向けられ，言語を用いて意志疎通をはかる人間と環境の関わりがまさに考察の中心に据えられている．そして，考察の最後の第10章のタイトル「社会言語学」には，言語の考察を通して言語と人間の集団―社会―との関わりを論じようとする立場が最も端的に表されている．

第2章 音韻論

　音声を研究する音声学と音素を研究する音素論をあわせて**音韻論 Phonologie** と呼ぶ．そこで，まず音声と音素の区別から説明を始める．

Ⅰ．音声と音素

　言語に関して「音」と言うときの「音」は，言うまでもなく，物と物がぶっかって立てる「音」（Schall［響き］，Geräusch［雑音］，Lärm［騒音］など）を指していない．このときの「音」は，人間が言葉を使うときに口から発する**音声 Laut** である．もっと正確に言い表すなら，**言語音 Sprachlaut** である．

　けれども，人間が口から発した音がすべて言語音であるとは限らない．例えば，くしゃみをするときの音は言語音ではない．何かに驚いて無意識にたてる叫び声も言語音とは呼ばない．それぞれの言語でその言語に固有の発音方法に従って，一定の意味を表すために作り出された音しか言語音とは呼べない．

　音声を表記するには**音標文字 phonetische Schrift** を使い，それを［　］で囲んで表す．［　］で囲んであれば，それは音声の発音の仕方を記号で表しているのである．ひろく使われているのは，**国際音声学協会 L'Association Phonétique Internationale：API** の音標文字である．

設問2　次のドイツ語の文を音標文字で書き換えてみよ．また意味を記せ．
　　　　Fortschritt ist die Verwirklichung der Utopien.

設問3　次の音標文字の連続を解読してドイツ語の文に書き表してみよ．また，それぞれの意味を記せ．
　　a．[man] [mus] [aʊs] [dər] [no:t] [aɪnə] [ˈtu:gənt] [ˈmaxən]．
　　b．[ˈainəs] [ˈfa:tərs] [kint]，/ [ˈainər] [ˈmʊtər] [kint]，/ [ʊnt] [dɔx] [ˈkainəs] [ˈmɛnʃən] [zo:n]．

第2章 音韻論

設問4 次のそれぞれの単語の最初の音声を音標文字で書き表してみよ．結果からどんなことが言えるか．

Gelenk, Gelee, Ghetto, Jade, Jazz, Jury, Junta （Gross/Fischer, 41)

ドイツ語の Rand「縁(ふち)」の冒頭にある R という字が表す音声の発音の仕方は三通りある．①舌葉を震わせて発音する［r］，②ノドヒコを震わせて発音する［R］，③奥舌を軟口蓋にあてて発音する［ʁ］である．「舌葉」，「ノドヒコ」，「奥舌」がどの部分を指すかは p.6 の図を参照してほしい．

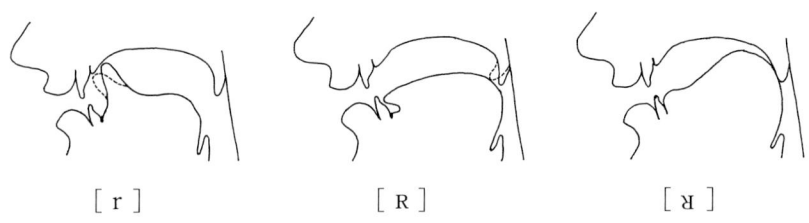

［r］　　　　　［R］　　　　　［ʁ］

発音の仕方が異なれば，当然，聞こえ方も異なる．つまり，これら三つの音は音声学的には互いに別の音声である．しかし，[rant]と発音されようが，[Rant]と発音されようが，[ʁant]と発音されようが，単語としては「縁(ふち)」という意味に変りはないから，音の作り出し方の違いは意味に関係のない違いである．したがって，意味中心に考えればなんら決定的な違いとは言えないという考え方ができる．そういう考え方にたてば，［r］や［R］や［ʁ］のような表記による区別は重要でなくなってしまう．そこで，［r］と［R］と［ʁ］という三つの発音を［r］で代表させておいて，これを /r/ と書き表す．/r/ と書き表される音声は，実際には個人によって［r］とも［R］とも［ʁ］とも発音される．それゆえ，/r/はもはや実際の音声ではない．いわば実体を失った「音」である．そこで，/r/ という書き方で表される音声のことを**音素 Phonem** と呼ぶ．そして，音素が実現された場合の［r］や［R］や［ʁ］を**素音 Phon** と呼ぶ．

設問5 Kuh [ku:]（雌牛）に含まれる子音［k］と Kiel [ki:l]（[舟の] 竜骨）に含まれる子音［k］は，音声学の立場から厳密に言えば，それぞ

れ後に続く母音の影響を受けてたがいに異なっている．それにもかかわらず，われわれは Kuh に含まれる子音 [k] と Kiel に含まれる子音 [k] を区別したりしない．そして，両者をともに [k] の音だと認めて通用させている．この現象を上で習った術語を使って説明せよ．

II．音声学

人間の口から言語音として発せられた音，つまり音声を研究する学問が**音声学 Phonetik** である．音声は音の一種であるから，音が自然現象に属することから言えば，音声を研究する音声学は自然科学の一つである．

日常的な捉え方からすれば，たしかに音声は口から発せられる．しかし，少しでもくわしく観察すると，肺から送り出された息が口や鼻から流れ出ていることが感じられるし，音声によって口の構えもさまざまに変わっている．

人間は音声を作り出すために口を中心にさまざまな部局を利用する．これらの部局を総称して**音声器官 Sprechorgan/Sprechwerkzeug** と言う．唇，歯，歯ぐき，硬口蓋，軟口蓋，けんよう垂，舌，鼻腔，口腔，咽頭，喉頭蓋，喉頭，声門，気管，肺などがそれである．

1．食道	10．歯	
2．気管	11．ハグキ	
3．声門	12．硬口蓋	
4．喉頭	13．軟口蓋	
5．喉頭蓋	14．ノドヒコ	
6．咽頭	15．舌葉	
7．鼻腔	16．前舌	
8．口腔	17．奥舌	
9．クチビル	18．舌根	

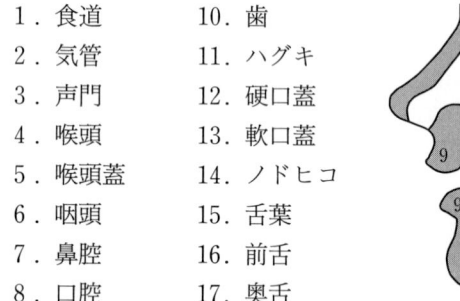

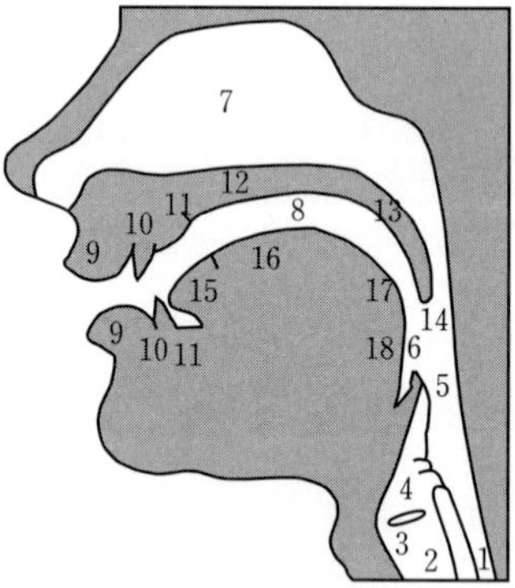

内藤　好文『ドイツ語音声学序説』（大学書林，1958），p.11

ある言語音を作り出すには音声器官のうちどの器官とどの器官をどのように使わなければならないかは，言語ごとに決まっている．このきまりに従って言語音を作り出すことを音声学では**調音 Artikulation** という．調音には音声器官のうちから必要な器官だけが選ばれて使われる．調音するために音声器官のうちから選ばれて使われた音声器官を**調音器官 Artikulationsorgan** と

第2章 音韻論

呼ぶ．

それぞれの言語が音声を作り出す方法を研究するのは**調音音声学 artikulatorische Phonetik** である．調音音声学は母音と子音の調音を研究し，それらを分類するので，われわれのように外国語としてのドイツ語を習得しようとする者にとってもっとも関係が深い．

しかし，音声の研究は調音方法の研究に尽きるわけではない．音声の長さ・周波数・強さなどの物理的な性質をソナグラフなどを使って研究する**音響音声学 akustische Phonetik** も音声学の一領域である．また，音声が言語記号として聞き手の耳・神経・脳によってどのように受け取られ分析されるかを研究する**聴覚音声学 auditive Phonetik** も音声学に属する．

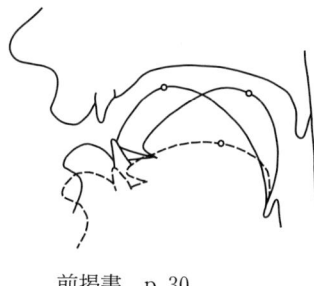
前掲書, p.30

調音音声学が母音を分類するとき，いわゆる**母音三角形 Vokaldreieck** を用いて分類するのが通例である．ドイツ語の母音三角形は［a:］と［i:］と［u:］を頂点とする逆三角形として描かれる．それは，ドイツ語では［a:］の場合，舌の背中の最も高まった点がきわめて低い位置に来，［i:］の場合，舌の背中の最も高まった点が前方のきわめて高い位置に移り，［u:］の場合，舌の背中の最も高まった点が後方のきわめて高い位置に移るからである．なお，約束事として，図に向かって左側に［i:］が位置することになっている．

他のすべての母音はこの3極点を結んだ倒立三角形の内側のどこかの位置で調音される．各母音の調音位置を概念的に示せば下図のようである．ただし，a の字が表す母音を短母音［a］と長母音［ɑ:］とに分けて別々に数えているので，母音三角形は四辺形になっている．

母音四角形の左辺の傾斜は，a から始まって上へ登って行けば行くほど舌の背中の最も高くなった点が上歯茎に近づくことを示している．そのため母音四角形の左辺に並ぶ母音は**前方の母音**

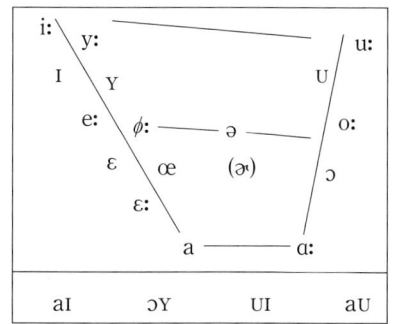

—7—

両唇音(Bilabial)	唇歯音(Labiodental)	歯音(Dental)	歯茎音(Alveolar)	硬口蓋音(Palatal)	軟口蓋音(Velar)	けんよう垂音(Uvular)	咽頭	声門音(Glottal)	調音様式	流音(Liquida)
b			d		g				有声 — 破裂音／閉鎖音 (Explosiv/Verschlusslaut)	
p			t		k				無声	
pf	ts	tʃ							無声 — 破擦音 (Affrikat)	
	v	z	j						有声 — 摩擦音 (Spirant/Reibelaut)	
	f	s	ʃ	ç	x			h	無声	
m		n		ŋ					有声 — 鼻音 (Nasal)	
		l							有声 — 側音 (Lateral)	流音 (Liquida)
		r				R			有声 — 巻舌音 (Schwinglaut)	

と呼ばれる．

　母音四角形の右辺の傾斜は，おなじように ɑː から始まって上へ登って行けば行くほど舌の背中の最も高くなった点が軟口蓋に近づくことを示している．そのため母音四角形の右辺に並ぶ母音は**後方の母音**と呼ばれる．

　前方の母音の音色は明るく，後方の母音は音色が暗い．また，前方の母音では上位のものほど唇が左右に引かれるため，上下の唇の間隔が狭くなるのに対して，後方の母音では上位のものほど唇が突き出されるため，両唇が作っている隙間を正面から見た面積は狭くなる．

　調音音声学が子音を分類するときには，本ページに示すように縦軸に**調音**

位置 Artikulationsort の分類を記し，横軸に調音様式 Artikulationsart の分類を記した表を用いる．

　表の見方を説明しよう．縦の欄を「列」と呼び，横の欄を「段」と呼ぶと，左から第1列目にはbとpとmという三つの音声が記号で記されている．第1列のいちばん下の段の欄を見ると「唇」と書かれているのは，これらの音が調音される位置がいずれも唇であることを示している．さらにその下に記してあるのは，調音位置が唇である音声の専門的な呼び方―**術語 Terminus**―である．

　こんどはいちばん上の段を横にたどると，bのほかにdとgも有声の破裂音／閉鎖音に分類されることが分かる．これは，音声が調音される様式による分類である．

　3段目のpfは第1列と第2列にまたがって分類されているが，これは「両唇音」であるpと「歯音」であるfが続けさまに発音されるためである．したがって，pfはvやfとともに「唇歯音」と呼ばれる．

　有声 stimmhaft とは発音するときに声帯が振動することを意味し，**無声 stimmlos** とは発音するときに声帯が振動しないことを意味する．stimmhaft も stimmlos も形容詞なので，本来は「有声の」あるいは「無声の」とすべきだが，名詞に冠せて使われると「の」が脱落するので，「の」を省いている．母音は有声である．

　上から3段目のpf, ts, tʃは，それぞれ無声の破裂音pかtのあとに無声の摩擦音f, s, ʃが続くので，「破擦音」という名称が与えられている．

　側音と巻舌音をあわせて**流音 Liquida** と呼ぶことがある．

設問6　次のそれぞれの音の調音を表の術語を使って記述してみよ．
　　　［s］，［p］，［h］，［tʃ］，［v］，［d］，［r］，［z］，［n］，［ŋ］

III. 音素論

　ある言語の音素を研究する学問を**音素論 Phonemik** という．音素論の対象は，それゆえ，現実の音声ではなくて一つの理念上の「音」である．音素論は，音声学のように自然現象としての音声を研究するわけではないので，もはや自然科学の一つであるとは言えない．音素論は，言語学の一領域である．音素論は，1930年代に N.S. Trubetzkoy たちによって基礎が作られた．

音素論が，調音位置のそれぞれに異なる［r］/［R］/［ʁ］のどれを使っても Rand の意味が変わらないことを理由に，これらは同一の音素とみなすことはすでに上で見た．ここから分かるように，音素論にとっては意味が音素を確認する最も重要な手がかりである．

音素を確認するために**入れ替えテスト Austauschprobe / Kommutationstest** と呼ばれる手法が使われる．例えば Rand「縁」の/ r /を/ l /に入れ替えると Land「土地」という有意味な別の単語が生まれるので，/ l /を/ r /とは別の独自の音素であると認める．同じように Rand の/ r /を/ h /に入れ替えると，新たに Hand「手」が成立し，Rand の/ r /を/ z /に代えると，Sand「砂」が成立するので，/ h /も/ z /もそれぞれ独自の音素であると認めることができる．

別の例を挙げよう．kalt「冷たい」の/ k /を/ ʃ /で置き換えると schallt「鳴り響く (schallen)の三人称単数現在形」が成立するので，/k/も/ ʃ /もドイツ語では独自の音素であることが確認できる．あるいは，kalt の/ a /を/ y: /で置き換えると kühlt「冷やす (kühlen)の三人称単数現在形」が成立するので，/ a /も/ y: /もドイツ語で独自の音素であることが確認できる．さらに，kalt の/ t /を / p /で置き換えると Kalb「子牛」が成立するので，/ p /もドイツ語では独自の音素であることが確かめられる．

テストに使うこのような一対の単語のことを**ミニマル・ペアー Minimalpaar** という．ミニマル・ペアーであるための条件は，一カ所だけ音素が互いに異なっていて，他は同じでなければならない．下のようなペアーは，「一カ所だけ」という条件に反しているから，「ミニマル」ではない．

　　　　Igel（はりねずみ）— Kugel（球）

［i:］も一口で言えるし［ku:］も一口に言えるから［i:］と［ku:］は対立する単位だと考える人は，音素と音節を混同している．たしかに音節は I-gel と Ku-gel のように切るけれども，音素の連続としては/ i: /-/ g /-/ ə /-/ l /であり/ k /-/ u: /-/ g /-/ ə /-/ l /であるから，一カ所だけ音素が互いに異なっているとは言えない．

しかし，一方の単語にある音素が他方の単語にないペアーはミニマル・ペアーに数える．例えば，

　　　　kregel（元気のよい）— Regel（規則）

というペアーでは，Regel には kregel の/ k /に相応する音素が欠けている．

しかし，/k/と/∅/（ゼロ音素 Null-Phonem という）の対立から/k/の存在は確認できると考えるのである．

以上により，音素は「意味を区別するはたらきを持った，言語体系の最小の単位」と定義することができる．

設問7 下に集めたドイツ語の単語のうちどれとどれがミニマル・ペアーを作るか．ペアーを書き出して見よ．
　　　　Igel, Kegel, Brezel, Rudel, Kugel, kregel, Regel

　音素論の任務の一つは，入れ替えテストを使って一つの言語に認められる音素を突き止め，**音素目録 Phoneminventar** を作り上げることである．
　音素目録を作るとき，それぞれの音素は**弁別的音声特徴 distinktives phonetisches Merkmal** を手がかりに分類され配列される．例えば/t/の弁別的音声特徴は「無声・調音位置は歯，調音様式は破裂（または閉鎖）」である．この弁別的音声特徴によって/t/は音素/d/と区別される．/d/の弁別的音声特徴は「有声・調音位置は歯，調音様式は破裂（または閉鎖）」だからである．弁別的音声特徴がすべて音声学から借りたものであることを見れば，音素論と音声学は，別々の独自の分野であるにもかかわらず，互いに密接に関連していることが見て取れよう．
　ドイツ語には，ふつう，20個の母音の音素と22個の子音の音素が認められている．
　母音20個の内訳は次のようである．
　　　母音四角形の倒立の底辺にある母音 → 2個 … /a/, /ɑ:/（/a/の長音を別の音素と考える場合）
　　前方の母音 → 5個 … /i:/, /ɪ/, /e:/, /ɛ/, /ɛ:/
　　後方の母音 → 4個 … /u:/, /ʊ/, /o:/, /ɔ/
　　あいまい母音 → 1個 … /ə/
　　変母音 → 4個 … /y:/, /ʏ/, /ø:/, /œ/
　　複母音 → 4個 … /aɪ/, /ɔʏ/, /ʊɪ/, /aʊ/
　　　計20個
　子音22個の内訳は次のようである．
　　破裂音／閉鎖音 → 6個 … /p/, /t/, /k/; /b/, /d/, /g/

破擦音 → 3個 … / pf /, / ts /, / tʃ /
摩擦音 → 8個 … / f /, / s /, / ʃ /, / ç, x /, / h /, / v /, / z /, / j /
鼻音 → 3個 … / m /, / n /, / ŋ /
流音 → 2個 … / l /, / r /
　　計22個

　摩擦音の音素のなかの / ç, x / に注目しよう．［ç］と［x］とは調音位置が異なるにもかかわらず同一の音素であるとみなされている．同一音素で実現の形が異なる場合，実現形態を**異音 Allophon** という．/ ç / と / x / の場合は，前後に他のどんな音素が来るかによってどちらかが使われる．

設問8　ドイツ語の発音を習った折りに，/ ç / と / x / の使い分けについてどのような規則を習ったか．

設問9　下の文章の（　）のなかに適当な言葉を入れよ．
　　　音声学と音素論の違いは，結局，「音」をどう考えるかという立場の違いである．「音」を「具体的な言語音」と考えるのが（　　　　　）である．「音」を「実体ではなくて意味の担い手」と考えるのが（　　　　　）である．
　前者の立場を，英語の phonetic から後半部を借りて「**-etic 的立場**」，後者の立場を phonemic の後半部を借りて「**-emic 的立場**」と言うことがある．言語の研究にはこのどちらの立場も欠かすことはできない．

設問10　Vergissmeinnicht というドイツ語の単語はいくつの音素からできているか．単語を構成している音素の順に書き出して，数を答えよ．

設問11　下の音素連続を文のかたちに書き改めよ．また，その文を日本語になおせ．
　　　/ ɪ / - / ç / - / v / - / aɪ / - / s / - / n / - / ɪ / - / ç / - / t / - / v /
　　　- / a / - / s / - / z / - / ɔ / - / l / - / ɛ / - / s / - / b / - / ə / - / d /
　　　- / ɔʏ / - / t / - / ə / - / n / - / d / - / a / - / s / - / ɪ / - / ç / - / z /
　　　- / oː / - / t / - / r / - / aʊ / - / r / - / ɪ / - / ç / - / b / - / ɪ / - / n /

第3章　形　態　論

Ⅰ.「形態素」とは？

　In der Nacht scheint der Mond am klaren Himmel. という文に単語がいくつ含まれているかと尋ねられたら，いくつと答えるか。「空隙で前後を区切られている単位」という意味では9個と答えることができる。しかし，am は一語に数えてよいのだろうか。in der Nacht に含まれる der と Mond の前に冠せられている der とでは，前者が女性3格であって後者が男性の1格だという違いがあるだけでともに定冠詞であるから，これらを別々に数えるのは変な気がする。けれども，scheint は scheinen の「変化した形」にすぎないのに scheint を1個に数えるのならば，二つの der は別々に数えなければならないことになるだろう。しかし，それならば，変化した形はすべて1個の単語として数えるのが筋の通ったやり方だろうか。そうも言いにくい気がする。なぜならば，われわれは scheint を単語としてリストアップするときには scheinen と書くし，klaren はそのままの形では書かないで klar と書いているではないか。

　このように，単語という概念は，一歩踏み込んで考えると，実はひじょうに曖昧なのである。日常生活ではそれでも困らないけれども，学問に使うにはあいまいな点があるため，「文のすぐ下の小さな言語単位」として「単語」を挙げることはできない。そこで，「単語」に代わる単位として**形態素 Morphem** という概念が考え出された。

Ⅱ. 形態素の分類

　形態素は「意味を担うはたらきを持った，言語体系の最小の単位」と定義される。音素は「意味を区別するはたらきを持った，言語体系の最小の単位」と定義されたから，形態素と音素の違いははっきりしている。すなわち，形態素の特徴は意味を担うことができる点にある。

　それでは，形態素が担う意味とはどのような意味であるかを考えよう。形態素の定義に照らすと，der Mond の der は「男性単数1格」という**文法的**

意味を表すし，in der Nacht の der は「女性単数3格」という文法的意味を表す．したがって，前者の der も後者の der もどちらも対等な資格の形態素である．辞書がしているように男性単数1格の形を代表形と見る必要はない．

　例文の in der Nacht のなかの der や der Mond のなかの der だけを取り出して単独に観察すれば，「男性単数1格/女性単数2格・3格/複数の2格」という四つの意味が重なるけれども，In der Nacht scheint der Mond am klaren Himmel. という文のなかで観察すれば，それぞれの意味を確定することができる．すなわち，in der Nacht のなかの der については，der を囲む前後の文法的関係から「女性単数3格」を意味することが，そして der Mond の der については，文の述語 scheint に対して der Mond が主語であるという前後の文法的・意味的関係から「男性単数1格」を意味することが明らかとなる．問題の「単語」の前後のこのような意味的関係や文法的関係をその単語の**文脈 Kontext** という．なお，an と dem の融合形である am に含まれる dem も「男性単数3格」という文法的意味を表している．

　scheint は一つのまとまりに見えるけれども，形態素という観点から見ると一つではない．scheint のうち，schein- は「輝く」という**概念的意味**を表す．概念的意味とは，同一言語を使って言い換えることができる意味のことである．-t は「三人称単数現在」という文法的意味を表す．ここでも，-t を単独で観察すれば，「三人称単数現在」のほかに「二人称複数現在」という意味もあると言えるが，der Mond に対して述語になっているという文脈を考慮に入れると，「三人称単数現在」にしぼられる．したがって，scheint という「単語」は二つの種類の異なる形態素から出来上がっていることになる．schein- と -t の間に空隙がないから一つに見えるに過ぎない．

　おなじことが klaren についても言える．klar- は「澄んだ」という概念的意味を表し，-en は「男性単数3格」という文法的意味を表している．むろん，付加語形容詞の語尾である -en はそれ以外の意味も表すけれども，文脈を考慮に入れると意味が限定される．klaren も単一体であるかのように見えるけれども，実は二つの異なる種類の形態素から出来上がっているのである．

　Nacht や Mond や in や Himmel は，scheint や klaren と対照的に，何ら他の形態素を混ぜずに，単独でそれぞれ「夜」，「月」，「…の中に」，「空」という概念的意味を表している．

　別の種類の形態素もある．例えば，Ich gehe mit meinen Freunden nach

第3章 形 態 論

　Europa. に含まれる ich と mein- のはたらきは，何かある概念的意味を表すことではなくて，この文を口にしている人物，つまり話し手を指すことである．「単語」ich は単一の形態素で出来ているが，meinen は mein- という形態素と -en という形態素の二つから出来ている．そして，-en は「複数3格」という文法的意味を表している．

　また，Freunden では Freund- までが「友人」という概念的意味を表すのに対して，-e は Freund-e という形態素の複合体となって「複数」であることを表している．さらにその後に付け加えられた形態素の -n が「複数3格」という文法的意味を表している．

　ここで形態素の種類を整理しよう．

　まず，最も分かりやすいのは，他の形態素にくっついてはじめて機能を発揮する形態素である．例えば，schein-t に含まれる -t, klar-en に含まれる -en, mein-en に含まれる -en. このように独立して現れることができない形態素を**束縛形態素 gebundenes Morphem** という．

　束縛形態素の正反対は，独立性をもった形態素である．それらは，束縛形態素に対して**自由形態素 freies Morphem** と呼ばれる．自由形態素の独立性がもっともよく見て取れるのは，束縛形態素をまったく含んでいないのに意味を表すことができる場合である．例えば，Nacht, Mond, Himmel, in, der, ich など．すなわち，自由形態素のなかには束縛形態素の助けを借りることなく単独で文のなかに現れることができるものがある．束縛形態素の助けを借りることなく単独で文のなかに現れることができる自由形態素は**語彙素 Lexem** とも呼ばれる．

　自由形態素は二種類に分けられる．一つは，Nacht, Himmel, in, Freund, mit, Europa, nach のように概念的な内容を表すもので，もう一つは，ich や dies- や hier のように，概念的な内容を表すのではなくて何かを指す形態素である．前者を**語彙的形態素 lexikalisches Morphem** と言い，後者を**指示的形態素 deiktisches Morphem** と言う．

　束縛形態素もまた二種類に分けられる．一つは，scheint に含まれる -t, klaren や meinen に含まれる -en のように，語形の変化に使われて文法的意味を表す形態素で，もう一つは，Freunde に含まれる -e のように，Freund という語彙的形態素にくっついて Freunde という形態素の複合体が「複数」であることを表す形態素である．不定詞 lernen の語尾 -en は，lernen という形

—15—

態素の複合体が「動詞」という「品詞」に属することを表し，schöner に含まれる -er は schöner が「比較級」に属することを表す．あるいは，Sicherheitsglas「安全ガラス」の -s- は二つの自由形態素 Sicherheit と Glas を結合して一つの新しい自由形態素を造るはたらきをしている．前者を**屈折形態素 Flexionsmorphem** と言い，後者を**造語形態素 Wortbildungsmorphem** と言う．

設問12　次の文に含まれるすべての形態素を取り出し，種類を示せ．また，それぞれの文を日本語になおせ．
  a．Der Tourist fragt den Polizisten nach dem Weg.
  b．Wie viele Studenten sind hier?
  c．Was machst du heute Abend, Hans?
  d．Kleider machen Leute.
  e．Im Herbst ist der Garten schöner als im Frühling.

形態素の種類を一覧表にまとめておこう．

形態素
- 自由形態素
  - ① 語彙的形態素（lexikalisches Morphem）
    概念的意味を表す
  - ② 指示的形態素（deiktisches Morphem）
    もっぱら指す機能を持つ
- 束縛形態素
  - ③ 屈折形態素（Flexionsmorphem）
    語形の変化に使われる
  - ④ 造語形態素（Wortbildungsmorphem）
    形態素全体の所属を示すほか造語に使われる

形態素を定義して，一つの言語にどれだけの形態素が用いられているかを研究し，形態素を分類したり単語の形態素構造を研究する学問分野を**形態論 Morphologie** あるいは**形態素論 Morphemik** という．

設問13　形態素は**語綴 Sprachsilbe** と呼ばれることがある．1ページで習った音節（Sprechsilbe）とどのように違うか．

第3章 形 態 論

III．形態素と素形態

　形態素は，文脈から取り出して単独で観察すると，しばしば外形が同じで表す意味が異なる場合が見られる．すでに見た in der Nacht の der と der Mond の der の場合がそうである．
　ほかに例えば，sein は動詞「存在する」でもあるし，er ならびに es の所有代名詞でもある．「ボール」の Ball と「舞踏会」の Ball はたがいに別の名詞である．また，所有代名詞 mein-en に含まれた -en は「男性4格・複数3格」という文法的意味を表すが，同じ外形とはいえ，wir lern-en に含まれた -en は，「一人称複数現在」という意味を表すし，不定詞 lern-en に含まれる -en は「lernen が動詞である」という意味を表す．また，Frau-en に含まれた -en は「複数」を表す．
　それぞれ意味が異なるということは，それぞれの sein なり Ball なり -en なりがそれぞれに別の形態素であることを意味する．そこで，共通する外形を**素形態 Morph** と呼んで形態素と区別する．この関係を図示すると，

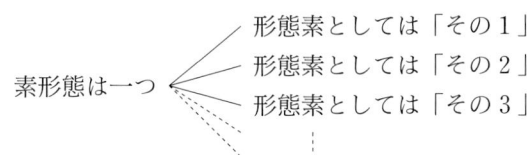

　逆の関係もありうる．つまり，外形はそれぞれに異なっていても表す意味は共通して一つである場合である．例えば，schlief も brachte も lernte も，外形こそ異なるが，そして当然ながら概念的意味も異なるが，「1人称ならびに3人称の過去形」という文法的意味に関しては共通している．
　この場合，「1人称ならびに3人称の過去形」という文法的意味が形態素の内容であって，schlief も brachte も lernte もこの形態素に対しては素形態にすぎない．素形態であってそれぞれの外形だけが異なっているにすぎないという意味で schlief と brachte と lernte という素形態を「1人称ならびに3人称の過去形」という文法的意味の形態素の**異形態 Allomorph** と呼ぶ．むろん，schlief は強変化動詞の，brachte は混合変化動詞の，lernte は弱変化動詞の一例にすぎないから，「1人称ならびに3人称の過去形」という形態素の異形態はかなりの数にのぼる．この関係を図示すると，

素形態その1（異形態その1，その2，その3，…）⎫
素形態その2（異形態その1，その2，その3，…）⎬ 形態素としては一つ
素形態その3（異形態その1，その2，その3，…）⎭

Ⅳ．ゼロ形態素と不連続形態素

　Kind の複数形である Kinder にふくまれる -er が形態素であることは，Kind－Kinder というミニマル・ペアを作ることによって確かめることができる．Schüler（生徒）の複数形は Schüler なので，Schüler－Schüler というミニマル・ペアでは複数形の Schüler のあとには姿が見えない**ゼロ形態素 Null-Morphem** が付いていると考える．

　Haus の複数形は Häuser である．単数形の Haus は，それだけで「家」という概念を表すことができるから，自由形態素であり，さらに詳しくは語彙的形態素である．一方，Häuser が複数形であると分かるのは，Haus の幹母音 au が**変音 Umlaut** して成立した äu ならびに -er という語尾が併用されて出来た④造語形態素のはたらきである．このように二カ所に離れて現れながら一つの意味（この例では「複数」という文法的意味）を表す形態素を**不連続形態素 diskontinuierliches Morphem** という．

　ゼロ形態素も不連続形態素も，形態素のあり方を表す名称であって，形態素の種類ではない．Schüler のあとに付いている姿が見えないゼロ形態素は，種類としては造語形態素であるし，äu と語尾 -er で作られている不連続形態素は，種類としては造語形態素である．

　gibt にも不連続形態素が含まれている．それは，語幹 geb- の母音 e が変音して成立した i と語尾の -t である．幹母音の i と語尾の t は，二つで「強変化動詞3人称単数現在」という文法的意味を表す屈折形態素である．また，Gestern habe ich meinem Freund die Stadt gezeigt に含まれている habe … gezeigt も habe … ge-［動詞の語幹：この例なら zeig-］-t 全体で「弱変化動詞1人称単数現在完了」という文法的意味を表す屈折形態素である．habe を hab-（語彙的形態素）＋-e（屈折形態素）のように分けるには及ばない．例えば habe が hat に入れ替わると，こんどは hat … ge-［語幹］-t 全体で「弱変化動詞3人称単数現在完了」という文法的意味を表す．なお，過去分詞の部分は強変化動詞の場合は，例えば schreien なら ge-［schrie］-[e]n となる．また，分離動詞の anfangen なら ange-［fang］-en となる．

第3章 形 態 論

設問14　次の文に含まれるすべての形態素を取り出し，種類を示せ．また，
　　　　それぞれの文を日本語になおせ．
　　　a．Im Winter sind die Tage viel kürzer als im Sommer.
　　　b．Ich habe mit meiner Schwester unsere Tante besucht.
　　　c．Mein Vater kommt jeden Abend sehr spät nach Hause zurück.

設問15　次の単語に含まれる -er のうち，どれが形態素でどれが形態素でな
　　　　いか．
　　　a．Lider　b．alter (Mann)　c．Schwester　d．Fahrer　e．welcher
　　　f．Finger

Ⅴ．複合的な単語の形態素構造

　Besichtigung「見物」という単語は be-sicht-ig-ung のように四つの**切片
Segment** に分けられる．それぞれの切片が形態素であるかどうかは，ミニマ
ル・ペアーを使った入れ替えテストによって確かめることができる．
　まず，Besichtigung の核となる -sicht- が形態素であることは，Sicht（見え
ること）― Ge-sicht（視力）というミニマル・ペアーによって突き止めること
ができる．-ig が形態素であることは，Sicht－sicht-ig（遠くまでよく見える）
というミニマル・ペアーによって明らかである．そして be- が形態素であるこ
とは，sichtig と be-sichtig-（動詞 besichtigen を作る語彙的形態素）というミ
ニマル・ペアーから確認できる．最後に，-ung が形態素であることは
besichtig- と Be-sichtig-ung（見物）のミニマル・ペアーから見て取られる．
Besichtigung の形態素構造は下のようである．

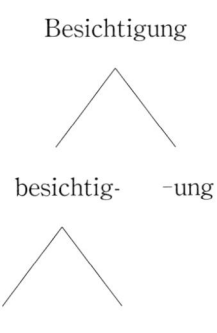

```
      be-        sichtig
         /\
        /  \
      Sicht  -ig
```

設問16 次の単語の形態素構造を図示せよ．
  a．Rücksichtslosigkeit b．unheilbringend c．mütterlicherseits
  d．Handwörterbuch

設問17 次の文に含まれるすべての形態素を取り出し，種類を示せ．また，それぞれの文を日本語になおせ．
  a．Der Lehrer fragt die Schüler, aber keiner kann antworten.
  b．Die Bundesrepublik Deutschland liegt in der Mitte Europas.
  c．Deutschland gewinnt dreißig Medaillen.
  d．Zum ersten Mal haben die französischen Fußballer den Weltmeistertitel gewonnen.

Ⅵ．語形の変化と品詞の分類

　伝統的なドイツ語文法はラテン語文法を手本にして成立した．それゆえ，お手本にしたラテン語文法にならって，品詞を10種類に分けている．そして，品詞の名前もラテン語から借用した．これらの分類やドイツ語の名称はわれわれにもなじみ深い．

①	動詞	Verb
②	名詞	Substantiv
③	形容詞	Adjektiv
④	冠詞	Artikel
⑤	代名詞	Pronomen
⑥	数詞	Numerale
⑦	副詞	Adverb
⑧	前置詞	Präposition
⑨	接続詞	Konjunktion

第3章 形態論

⑩　間投詞　　　Interjektion

　これらの分類や名称はドイツで50年代の半ばまで広く使われてきた．しかし，ラテン語とドイツ語では系統も異なるのだからラテン語の文法の分類をそのまま借りるのは実状に合わない，という批判が出はじめた．ドイツ語の特性に合致した品詞の分類や名称があって当然であるという考え方が強まったためである．そして，H. Glinz や J. Erben や W. Schmidt のようなドイツ人の文法学者がそれぞれ独自の品詞名や品詞の分類を提案した．

　とは言っても，H. Glinz や J. Erben や W. Schmidt はいわゆる「三大品詞」（①動詞，②名詞，③形容詞）の存在は認め，この分類には異存を唱えなかった．「三大品詞」以外の補助的な品詞の分類を問題にしたのである．

　④の冠詞以下の補助的な品詞の分類は，たしかにやや煩雑であるし，不必要にすら感じられることがある．例えば，冠詞類（der や ein）と代名詞類（dieser や mein）の多くはどちらも名詞の前に置かれて格変化するという点では区別する必要がないとも言うことができるし，副詞や前置詞や接続詞も語形の変化しないという点では共通点を持っている．

　もっとも，H. Glinz や J. Erben や W. Schmidt は「動詞」，「名詞」，「形容詞」を品詞の種類としては残したものの，名称は変えている．動詞は Zeitwort (Glinz と Schmidt)，Aussagewort (Erben)，名詞は Namenwort (Glinz)，Nennwort(Erben)，Dingwort(Schmidt)，形容詞は Artwort(Glinz)，charakterisierendes Beiwort (Erben)，Eigenschaftswort(Schmidt)と呼ばれた．

　ドイツ語の品詞は「語形の変化するもの」と「語形の変化しないもの」の区別がはっきりしているから，この事実を品詞分類の原理にすることを考えついた文法学者もいる（Ch. Bergmann）．

設問18　次の文章の（　）のなかに適当な品詞名を入れよ．
　文の中で使われると語形を変える品詞は，10品詞のうち（　　　），（　　　），（　　　），（　　　），（　　　）の5種である．一方，文の中で使われるときも語形を変えない品詞も5種類ある．それらは，（　　　），（　　　），（　　　），（　　　），（　　　）．

　語形の変化をする品詞は，さらに二つのグループに分けることができる．

と言うのは，語形の変化と一口に言っても，実際には二種類の異なった変化に分けることができるからである．

すなわち，語形の変化をする5種の品詞のうち動詞だけは，**活用 Konjugation** と呼ばれる変化をする．つまり，人称・数・時称・法・態などに応じて変化する．残りの4種の品詞は，これとちがって**曲用 Deklination** と呼ばれる変化をする．つまり，格・数・性に応じて変化する．

活用と曲用，および形容詞の**比較変化 Komparation** の三者を総称して**屈折 Flexion** という．屈折はまた**語形変化**とも呼ばれる．これまで常識的な意味で「語形の変化」という表現を使ってきたが，「語形変化」はそれと似た意味ながら術語であるので，区別しなければならない．

そこで，屈折をする品詞の分類は下のようになる．

設問19 屈折をする品詞の分類表の（ ）のなかに適当な品詞名を書き入れよ．

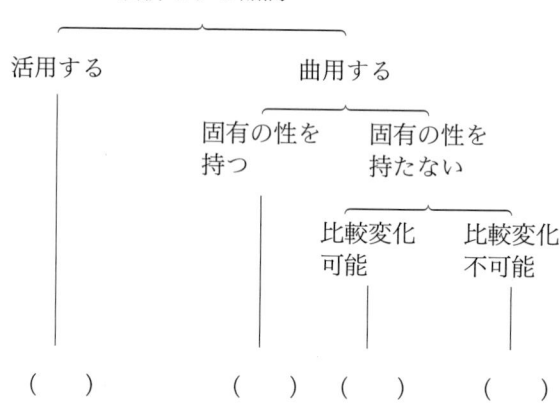

他方，屈折をしない品詞の方は，語形の変化を基準にして分類することはできないので，「単独で文要素になることができるかどうか」で分類する以外に方法がない．例えば gestern(昨日)という副詞は，*Gestern* habe ich meinen Onkel in Osaka besucht. のようにそれだけで文の要素であるが，in という前置詞は Osaka という名詞と一つの単位を作ってはじめて文の要素になることができる．つまり，「単独で文要素になることができない」．そこで，屈折

第 3 章　形　態　論

をしない品詞の分類は本ページに示すようである．
　この分類はかなり説得力をもっているけれども，なお問題点をはらんでいる．それは分類の基準が一本でないという点である．
　すべての品詞をまず屈折をする品詞と屈折をしない品詞に分けたが，このときの基準は，本章のⅡ．で習った屈折形態素を含んでいるかいないかという外形が基準である．けれども，屈折をしない品詞の方は，単独で文要素になることができるかどうかという意味が基準になっている．

設問20　屈折をしない品詞の分類表の（　）のなかに適当な品詞名を書き入れよ．

```
                    屈折をしない品詞
         ┌──────────────┴──────────────┐
  単独で文要素になることが      単独で文要素になることが
  できる                      できない
                         ┌──────────┴──────────┐
                    接続する機能          接続する機能
                    がある                がない
                ┌────────┴────────┐
           格支配する        格支配しない

    （　　）        （　　）        （　　）（不変化詞）
```

　アメリカ構造主義は「文中における位置」という基準一本で品詞を分類しようとした．例えば，
　　①文の枠の外にしか立つことができないもの
　　②文の先頭にしか立つことができないもの
　　③文の末尾にしか立つことができないもの
　　④文要素として第2位にしか立つことができないもの
　　⑤文の枠の外ならびに第2位以外の位置にしか立つことができないもの
　　⑥名詞（もしくは名詞の代理）の前に立って名詞句を作るもの
　　⑦名詞（もしくは名詞の代理）・名詞句の前に立ってより大きな句を作るもの

⑧形容詞の前に立つもの

など．

例文にこれを当てはめてみると，伝統的な品詞との関係がよく分かる．

Schon heute arbeiten die Deutschen weniger als vierzig Stunden in
 ⑤   ⑤   ④   ⑥   ⑤   ①   ⑥   ⑦

der Woche und haben rund sechs Wochen Urlaub im Jahr.
 ⑥   ①   ④   ⑧   ⑥   ⑦⑥

Ⅶ．造　　語

　どの言語も言語共同体の発達とともに語彙がふえてゆく．語彙がふえるのは新しい単語が加わるからであるが，新しい単語が無から生まれることは稀である．たいていは，既存の単語を基にして作られる．既存の単語を基にして新しい単語を作り出すことを**造語 Wortbildung** という．

　例えば，Fußballer「サッカー選手」(俗語)は，Fußball「サッカー」という既存の自由形態素に「行為者」という範疇的意味を表す造語形態素 -er を加えて作られた．このように造語形態素の力を借りて新しい単語をふやすことを**派生 Ableitung** という．このとき基になった Fußball を**幹語 Stammwort** と呼ぶ．französisch「フランス[国・人・風]の」はその由来からすれば，Franzose「フランス人」という自由形態素に「素性」を意味する造語形態素 -isch を加えて作られた形容詞である．また，aufbauen「構築する」は，動詞 bauen「建てる」に「上方または事物の上面への運動・上面における存在・行為への刺激．復旧・終結・開始・開放・更新」などを意味する造語形態素 auf- を加えて作られた複合動詞である．

　aufbauen における auf- のように幹語の前に添える造語形態素を**接頭辞 Präfix** といい，Fußballer における -er や französisch における -isch のように幹語の後に添える造語形態素を**接尾辞 Suffix** という．また，接頭辞と接尾辞をあわせて**接辞 Affix** と呼ぶ．

　Deutschland は deutsch「ドイツ[国・人・風]の」という形容詞と Land「国」とを足して作った名詞である．また，Bundesrepublik も Bund「連邦」という名詞と Republik「共和国」という名詞とを足して作った名詞である．ただ，こちらの場合はあいだに -es- というつなぎのための造語形態素が入っている．このように二つ以上の自由形態素を合わせて別の一つの自由形態素を作ることを**合成 Zusammensetzung** という．

第 3 章 形 態 論

合成はさらに，Maler-Dichter「詩人画家」や süßsauer「甘酸っぱい」のように自由形態素を対等な関係で並べた**並列的合成 parataktische Zusammensetzung** と，Wanduhr「掛け時計」や Massenkommunikationsmittel「マスメデイア」のような**従属的合成 hypotaktische Zusammensetzung** の 2 種類に分けられる．従属的合成では，幹語の前に添えられる自由形態素は幹語の意味を限定するはたらきをするので，**限定的合成 Determinativkompositum** という．

Wanduhr は幹語の Uhr も限定語の Wand もこれ以上構成要素に分解できないので，一次的な合成であるが，Massenkommunikationsmittel では幹語 Mittel を限定する Massenkommunikations- の部分ではさらに Masse が Kommunikation を限定しているので，高次な合成である．

派生と合成は現代ドイツ語における重要な二大造語手段であるが，そのほかにもいくつかの造語手段が使われる．

一つは造語形態素の力を借りないで新しい自由形態素を作り出す**内在的な造語 innere/implizite Wortbildung** で，下の①と②がそれに当る．

①**品詞変換 Umsetzung**：形容詞 hoch「高い」の頭文字を大書しただけで名詞 Hoch「高気圧」を作ったり，名詞 Feind「敵」を小文字で始めて，jm. feind sein「ある人に敵意を抱いている」という形容詞を作るやり方．

②**統語的変換 syntaktische Konversion**：動詞 haben「持っている」の不定詞を語尾をつけたまま頭文字を大書して名詞 Haben「貸し方」（簿記上の慣用語）を作ったり，形容詞 neu に中性の語尾をつけたまま頭文字を大書して Neues「ニュース」を作る方法．

③**短縮 Abbau**（＝**Verkürzung**）：Bus「バス」は Omnibus から短縮によって作られた．レストランでボーイさんを„Herr Ober!"と呼ぶときの Ober は Oberkellner「ボーイ長」の短縮である．

やや複雑な造語法として，

④**合接 Zusammenrückung**：語句 zu Frieden を一語に綴って zufrieden「満足している」を作る．

⑤**共成 Zusammenbildung**：成句 Gesetz geben と造語形態素を一語に綴ることによって Gesetzgebung「立法」を作る．

がある．これらのうち短縮，合接，共成は内在的というよりもむしろ顕在的

— 25 —

な造語であって，④と⑤は派生ならびに合成とともに**語構成 Aufbau** としてまとめられる．

設問21 次のそれぞれの単語の造語の形式を品詞と意味とともに記せ．また，例にならって構成を図示せよ

   a．Bundesbürger
   b．Kunsterziehung
   c．Errungenschaft
   d．voraussichtlich

例   Kernphysikalisch   （形容詞「核物理学の」）

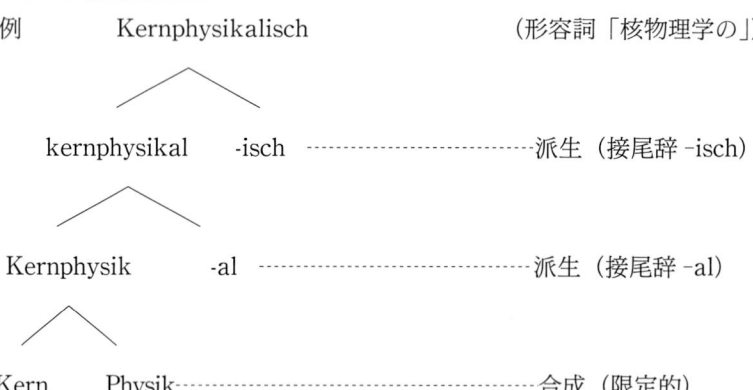

kernphysikal   -isch   ……………………………派生（接尾辞 -isch）

Kernphysik   -al   ……………………………派生（接尾辞 -al）

Kern   Physik……………………………………………合成（限定的）

第4章 統語論

Ⅰ．伝統的な統語論

　ドイツ語を習うということはどんな意味だろうか．言語は語彙と文法とから成り立っているということからすると，習う対象のドイツ語は下のように二分野に分けられる．

$$\text{ドイツ語} \begin{cases} \text{ドイツ語の語彙} \\ \text{ドイツ語の文法} \end{cases}$$

　単語を知らないと話にならないが，単語を知っているだけでは十分ではない．単語を使う規則を知っていなければならない．そこで，ドイツ語を習うとは，ドイツ語の語彙を覚え，平行してドイツ語の文法を身につけることを意味する．

　しかし，「ドイツ語文法」と一口に言っても，そこには「das Buch は 2 格になれば des Buch[e]s と形が変わる」という規則も含まれるし，「des Buch-[e]s は文の要素としては修飾語のはたらきをし，その場合，被修飾語の後に置かれる」という規則も含まれる．

　前者は，「単語がどのように外形を変えるか」ということに関する規則であるし，後者は「単語は文の要素としてはどんなはたらきをするか，また，どの位置に来なければならないか」ということに関する規則である．

　主に「単語がどのように外形を変えるか」という規則を扱う文法分野を**詞論 Wortlehre** と呼ぶ．そして，「単語は文の要素としてはどんなはたらきをするか，また，どの位置に来なければならないか」という規則を主に扱う文法分野を**文章論 Satzlehre** と呼ぶ．そこで，上の分け方にこのことを書き加えると下の表のようになる．

$$\text{ドイツ語の習得} \begin{cases} \text{ドイツ語の語彙の習得} \\ \text{ドイツ語の文法の習得} \begin{cases} \text{詞論の習得} \\ \text{文章論の習得} \end{cases} \end{cases}$$

　最初のドイツ語の辞書が現れるのは15世紀の終わりごろであるが，16世紀に入るといろいろなドイツ語文法が編まれる．「詞論」や「文章論」はこれら

の文法書の流れを汲む名称である．なお，文章論という呼び方は最近ではあまり使われなくなって，代わりに**統語論 Syntax** という術語が使われる．

　16世紀に編まれた文法書は，いずれもラテン語の文法をお手本にしていた．この伝統は20世紀にまで続いている．本節の表題に使っている「伝統的な」という言葉はこのことを意味している．

　第二次世界大戦後，アメリカの構造主義言語学が勢力を増し，ドイツの言語学にも影響を与えて以来，「詞論」，「文章論」という名称は古いと感じられるようになった．代わって使われはじめたのが，「形態論」，「統語論」である．本節は伝統的なドイツ語文法の「文章論」を紹介するのであるから，見出しには「文章論」を使うべきであるけれども，第4章全体のテーマは統語論であるので，わざと「伝統的な統語論」というやや不自然な呼び方で言い表す．

　文章論は「文の五要素」という考えから出発する．すなわち，ドイツ語の文は五つの要素の組み合わせで成り立っているという考えである．五つの文要素とは，

　　　　①主語 Subjekt
　　　　②客語 Prädikat
　　　　③補足語 Objekt
　　　　④状況語 Adverbiale
　　　　⑤付加語 Attribut

である．

　客語になることができるのは動詞だけであるが，伝統的な統語論は，動詞のうち sein（～である），bleiben（いつまでも～である），werden（～になる）や scheinen（～のように思われる）などのように単独では自立した客語になれず，名詞あるいは形容詞などが意味を補われなければならないものを**連辞 Kopula** と呼んだ．また，連辞の意味を補う要素のことを**客語補充詞 Prädikativum** と呼んだ．そこで，

　　　　Ich bin Studentin.
　　　　Er scheint krank.
　　　　Sie wird Ärztin.

という文の文要素を伝統的な統語論は下のように分ける．

　　　　Ich　bin　Studentin.
　　　　主語　　客語（bin が連辞，Studentin は客語補充詞）

第4章 統語論

　Er scheint krank.
　主語　　客語（scheint が連辞，krank が客語補充詞）

　Sie wird Ärztin.
　主語　　客語（wird が連辞，Ärztin が客語補充詞）

補足語とは今日で言う目的語のことで，4格の補足語，3格の補足語，2格の補足語，前置詞格補足語に分けられる．

状況語というのは副詞的な要素の総称である．伝統的な統語論は，状況語を4種に分けた．すなわち，時を表す状況語，場所を表す状況語，方法を表す状況語，原因を表す状況語．

　Heute Nachmittag fliegt mein Bruder nach Deutschland ab.
　　状況語（時）　　　客語　　主語　　状況語（場所）　客語の一部

付加語とは名詞を修飾する文要素である．ただし，冠詞類は名詞に付属した部分と考え，わざわざ付加語に数えない．

　Der große Garten dieses Hauses ist im Herbst am schönsten.
　付加語 主語　　付加語　　　　　客語　状況語（時）　客語
　　　　　　　（2格の名詞）　　（連辞）　　　　　　（客語補充詞）

伝統的な統語論は，主文と副文でできている複合文も，単一文と同じく「文の五要素」から成り立っていると考えた．つまり副文は文の形をしているけれども，文要素としてのはたらきしかしていないという考え方である．また，不定詞句は副文と同等とみなした．

①主語的副文
　Es freut mich, dass es Ihnen wieder gut geht.
　主語　客語　補足語　　　主語的副文
　（＝仮主語）　　　　　　（＝真主語）

②客語的副文
　Alfred Bernhard Nobel ist es, der Dynamit erfunden hat.
　　　　主語　　　　　　客語　仮の客語補充詞　真の客語補充詞
　　　　　　　　　　　　（連辞）　　　　　　　（客語的副文）

③補足語的副文
　Ich weiß nicht, wo ich meinen Schlüssel hingelegt habe.
　主語 客語 状況語（方法）　4格補足語
　　　　　　　　　　　　　（4格補足語的副文）

④状況語的副文

Als ich im Wald spazierenging, begann es, stark zu regnen.
　　状況語（時）　　　　　　　　　客語　主語　　4格補足語
　（状況語的副文）　　　　　　　　　　　　　　（4格補足語的副文）

⑤付加語的副文

Das Haus, in dem er wohnt, ist sehr alt.
　主語　　　　付加語　　　　客語　状況語　客語補充詞
　　　　（付加語的副文）　　（連辞）

設問22　次のそれぞれの文要素を示せ.
- a．Ich studiere Germanistik an einer Fremdsprachenhochschule.
- b．Übersetzen Sie diesen Text ins Japanische!
- c．Ich habe einmal einen Walfisch gesehen.
- d．Gestern hat er mir mitgeteilt, dass er die Prüfung bestanden hat.
- e．Weil ich krank war, konnte ich nicht an der Gesellschaft teilnehmen.

II．構造主義の統語論

　ドイツ語の文法は16世紀に始まるのであるから，長い歴史を持っていると言うことができる．ドイツ語ばかりでなく英語やヨーロッパの他の言語の文法も，伝統的な文法はすべてラテン語の文法を手本にして作られた．そして，学校教育の場で使われた（それゆえ学校文法と呼ばれる）．品詞とか人称とか数とかテンスのような文法の重要なカテゴリーはすべてラテン語文法に由来する．ドイツ語の文法のカテゴリーと高等学校で習った英語の文法のカテゴリーがほとんど同じなのは，このためである．

　けれども，伝統的な文法にはいくつかの欠点が指摘されている．

　例えば，補足語を「4格補足語」,「3格補足語」,「2格補足語」,「前置詞格補足語」の4種に分けた基準は,「格」という形式である．ところが，同じ伝統的な文法が状況語を「時を表す状況語」,「場所を表す状況語」,「方法を表す状況語」,「原因を表す状況語」のように意味を基準にして分類している．つまり，文の構成要素を分類するときの基準が，あるときは形式であり，またあるときは意味である，というように不統一である．

　また，動詞という品詞ならすべて「客語」になることができるとして平等

に扱えばよいのに，sein「～である」，bleiben「いつまでも～である」，werden「～になる」，scheinen, ... zu～「～のように思われる」などは自立して客語になることができるとは認めなかった．動詞をこのように「完全なもの」と「不完全なもの」とに分けるのは，事柄を複雑にするだけで，益がない．

さらに，文を構成する五要素（①主語，②客語，③補足語，④状況語，⑤付加語）のうち⑤の付加語は，文中では主語なり補足語なり状況語なりの内部に含まれている名詞を修飾しているという事実を考えると，独立した文要素とは言えないのではないかという疑いが生じる．また，冠詞類は名詞に付属した部分と考えて独立性を認めず，付加語には数えなかったけれども，名詞を修飾している以上は付加語に含めるべきではなかろうか．

例えば，

Das	große	Haus	gehört	einem	reichen	Kaufmann.
|	付加語	主語	客語	|	付加語	補足語
付加語？				付加語？		

アメリカで発達した構造主義の統語論は，伝統的な文法の文章論のこのような欠点を克服しようとする．

上で見たように，伝統的な文法の統語論の欠点は，分類の基準をあるときは格という形式にしたり，またあるときは意味にしたりしたことであるから，構造主義の統語論はできるかぎり形式だけを手がかりにして分類しようとした．そうすれば，分類する人の主観が分類に入り込むのを排することができるし，誰が分類しても同じ結果に達することができると考えたのである．

この立場から考え出されたのが**直接構成素分析 IC-Analyse**：immediate constituent analysis（ドイツ語では Konstituentenanalyse という）である．

直接構成素の意味を知るために，Die Studentin übersetzt diesen japanischen Text ins Deutsche. という文を例にして直接構成素分析を試みよう．ins の部分は，発音の便宜から短縮されているにすぎないのであるから，分析に際しては，in das と読み替える．

直接構成素分析は段階的な手続きで行われる．第1段階では，文のなかで隣接している冠詞類と名詞，形容詞と名詞をそれぞれ一つにまとめる．

いま例文についてこの手続きを適用すると，

　　　　a.　　　　　　　　b.　　　　　c.
　　　　△　　　　　　　　△　　　　　△
　　Die Studentin übersetzt diesen japanischen Text in das Deutsche.

　こうして構成体としてa., b., c.の三つできあがった．それぞれの構成体のすぐ下にある要素をそれぞれの構成体の直接構成素という．つまり，構成体a.の直接構成素はdieとStudentinであり，構成体b.の直接構成素はjapanischenとTextであり，構成体c.の直接構成素はdas Deutscheである．
　第2段階では，それぞれの構成体とそのすぐ左にある冠詞類あるいは前置詞を一つにまとめる．

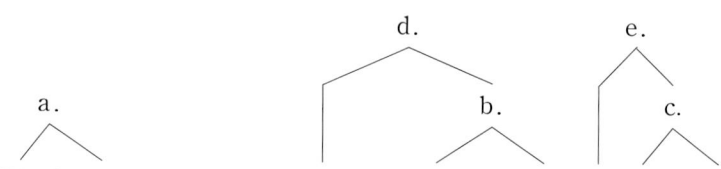

　　　　　　　　　　　　　　　d.　　　　　　e.
　　　　a.　　　　　　　　　　　　　　b.　　　　c.
　　　　△　　　　　　　　　　　　　　△　　　　△
　　Die Studentin übersetzt diesen japanischen Text in das Deutsche.

　こうして新たな構成体としてd. とe. できあがった．構成体d. の直接構成素はdiesenと構成体b. である．また，構成体e. の直接構成素はinと構成体c. である．この段階ですでに文がヒエラルヒーをなしていることが明らかになってきている．
　第3段階では，隣接する構成体どうしを一つにまとめる．

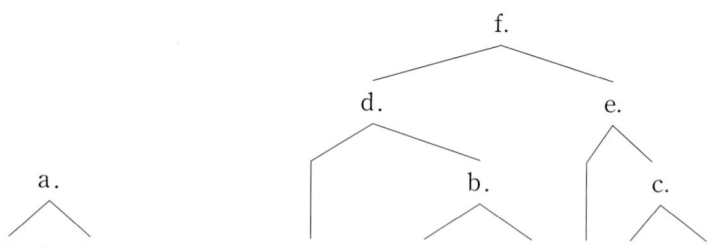

　　　　　　　　　　　　　　　　　　f.
　　　　　　　　　　　　　d.　　　　　　　　e.
　　　　a.　　　　　　　　　　　　　　b.　　　　c.
　　　　△　　　　　　　　　　　　　　△　　　　△
　　Die Studentin übersetzt diesen japanischen Text in das Deutsche.

　構成体f. を直接構成している要素はもはや単語ではなくて，構成体d. と構成体e. である．
　第4段階では，動詞とそれの右に位置する構成体を一つにまとめる．

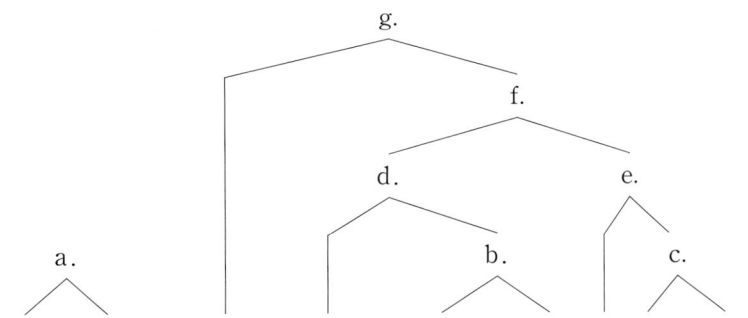

第4章 統 語 論

```
                              g.
                           ╱     ╲
                                   f.
                                ╱    ╲
                             d.        e.
                           ╱   ╲     ╱   ╲
            a.           b.
          ╱   ╲                ╱  ╲      ╱  ╲
   Die Studentin übersetzt diesen japanischen Text in das Deutsche.
```

第5段階では，隣接する構成体どうしを一つにまとめる．

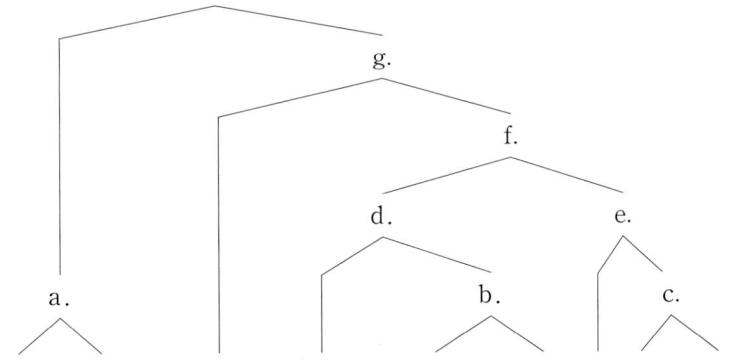

```
                                       g.
                                    ╱      ╲
                                             f.
                                          ╱    ╲
                                       d.        e.
            a.                       ╱   ╲     ╱   ╲
          ╱   ╲                    b.
   Die Studentin übersetzt diesen japanischen Text in das Deutsche.
```

　分析の結果出来上がった図は，文というものが表面的には単語が平等に横並びして成り立っているように見えながら，実は内部ではヒエラルヒーをなしていることを教えている．直接構成素分析とは，文に潜んでいるヒエラルヒーを明らかにする手続きなのである．

設問23　下のそれぞれの文の直接構成素を図を用いて分析せよ．
　また，それぞれの文を日本語になおせ．なお，代名詞は名詞と同じように扱えばよい．
　　a．Dieses malerische Städtchen bietet seinen Gästen Erholung.
　　b．Der Brief an dich liegt dort.

c. Tausende von Touristen fahren an die Ostsee.

　助動詞と本動詞が含まれている文では，まず本動詞と目的語を一つにまとめ，その構成体と副詞（句）とをまとめて別の新しい構成体とし，その構成体と助動詞を一つにまとめればよい．また，名詞的に使われている人称代名詞は隣接する要素とあわせて一つにまとめることはできないので，単独で扱う．例えば，Ich will zuerst Rom besuchen.「私はまずローマを訪れるつもりだ」という文の直接構成素分析は下のようである．

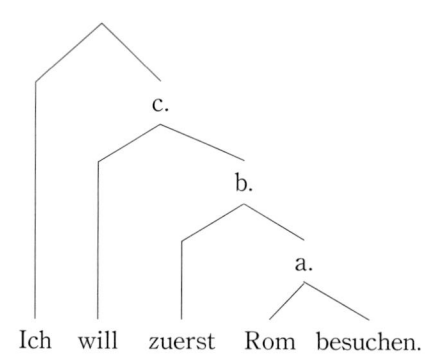

```
              c.
                b.
                  a.
Ich   will   zuerst   Rom   besuchen.
```

設問24 Man darf in dieser Straße von 10 ‐ 16 Uhr parken. の直接構成素を図を用いて分析せよ．また，問題文を日本語になおせ．なお，von 10 ‐ 16 Uhr の部分は von 10 Uhr bis 16 Uhr と読み替えよ．

　述語の動詞が分離動詞の場合は，動詞の幹語の部分を関連する要素とまとめたうえで分離前綴とまとめればよい．

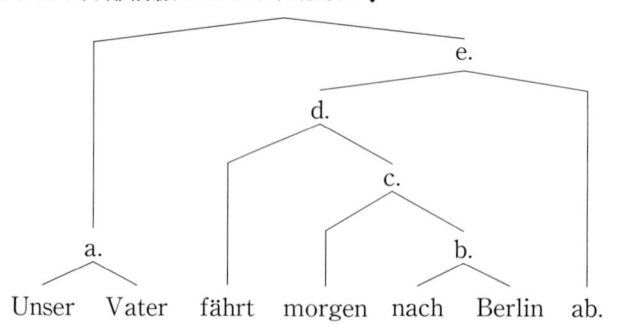

```
                                    e.
                              d.
                                c.
         a.                       b.
Unser   Vater   fährt   morgen   nach   Berlin   ab.
```

第4章 統 語 論

設問25 Die Mutter liest ihren Kindern ein Märchen vor. の直接構成素を図を用いて分析せよ．また，問題文を日本語になおせ．

　副文が含まれている文を構成素分析する場合は，副文を見つけ，意味から名詞であるか，形容詞であるか，副詞であるかを判断して，いずれかの品詞として扱う．

　例として，Ich weiß, dass es gestern Abend in der Stadt ein Feuer gab. (昨晩市内で火事があったのを知っている) を分析してみよう．

　まず，dass 以下の副文は wissen の目的語なので，名詞として扱う．副文なので副文 Nebensatz を意味する NS を付けておく．

NS
|
Ich weiß, <u>dass es gestern Abend in der Stadt ein Feuer gab.</u>

　そうしておいてから，Ich weiß NS. をこれまでと同じ手続きで分析すればよい．

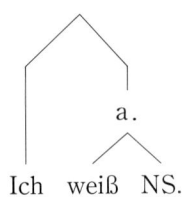

a.
Ich　weiß　NS.

　Ich weiß NS. の分析が終わってはじめて副文の直接構成素分析を始める．その際，接続詞 dass は度外視する．

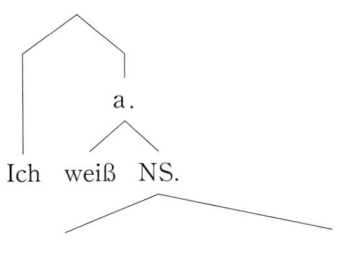

a.
Ich　weiß　NS.

—35—

```
                          h.
                         / \
                        /   g.
                       /   / \
                      /   e.  \
                     /   / \   f.
                    b.  /   \  / \
                   / \ c.    d.  \
                  /   \/\   /\    \
  es         gestern Abend in der Stadt ein Feuer gab
```

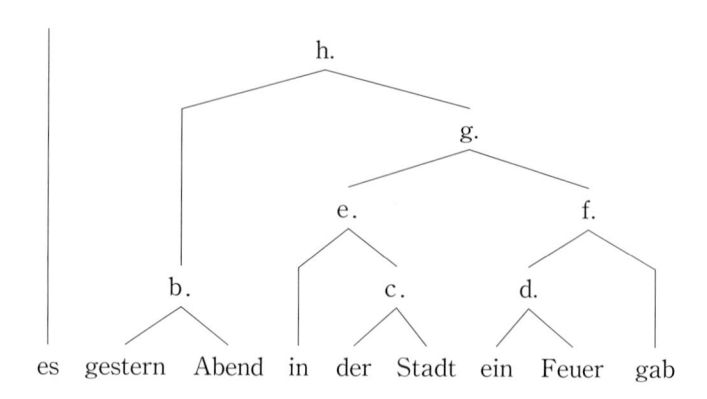

III．直接構成素分析の問題点

　ここまで見てきた限りでは，直接構成素分析は常にもっぱら外形だけを手がかりにして文を分析することができるように見える．しかし，外形だけを手がかりにして分析することができない場合がある．

　例えば，Sie verkaufen ihr Getreide. を直接構成素に分析しようとすると，ihr の扱いが問題となる．つまり，ihr と Getreide を一つの構成体としてまとめてよいのか，それとも，ihr も Getreide もそれぞれ独立した構成体とみなすべきかを文の外形からは決めることができないからである．

　むろん，ihr を独立した構成体とみなすことができるかどうかは，例えば置換テストによって確かめることができる．すなわち，Ihr verkaufen sie Getreide. という置換が認められるのであれば，ihr と Getreide は一つにまとめることができないから，ihr は独立した構成体とみなさなければならない．そして，その場合は，「彼らは彼女に穀物を売る」という解釈が成り立つ．

　けれども，テストによって解決できても，この解決が文の外形をもっぱら手がかりにして直接構成素分析を行うという原理に反しているのはまちがいない事実である．

　また，Ich weiß, dass es gestern Abend in der Stadt ein Feuer gab.（昨晩市内で火事があったのを知っている）と同じ文構造ではあるが疑問文の形をとっている Wissen Sie, dass es gestern Abend in der Stadt ein Feuer gab？（昨晩市内で火事があったのを知っていますか）を直接構成素に分析しようとすると，副文の処理は先の例と同じであるから問題はないが，主文の分析に問題がおこる．

第4章 統語論

```
        a.
    ╱╲╱╲
   ╳    ╲
Wissen  Sie    NS?
```

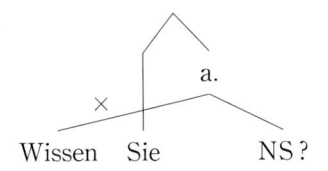

　それは，構成を示す図のなかで線が交差していることである．線が交差していることは Wissen Sie NS? という文の構成要素が本来の順序で並んでいないことを意味している．つまり，ある基になる文の語順に変更が加えられて Wissen Sie NS? という文が成立したと察せられる．

　同じことは，Ich will zuerst Rom besuchen. の文頭に in Italien を加えた In Italien will ich zuerst Rom besuchen.「イタリアではまずローマを訪れるつもりです」という文についても言える．この文の直接構成素分析も，図示すると，上の場合と同じように線が交差してしまう．副詞句 in Italien を文頭に置いたために起こる主語 ich と助動詞 will の倒置のせいである．ここでもまた，問題の文は Ich will in Italien zuerst Rom besuchen. という定動詞正置の文の語順に変更が加えられて成立したと考えられる．

　Man darf in dieser Straße nicht parken. という文の直接構成素分析を図示しようとすると，nicht の扱いに困ってしまう．Man darf in dieser Straße parken. という文がまずあって，それが否定に変えられたと考えざるを得ない．

Ⅳ．生成変形文法

　伝統的な文章論に対する批判から起こったアメリカ構造主義言語学の直接構成素分析は，客観的で，誰が行っても同じ結果になるという点で優れていると思われたが，これに対してもまた批判が起こった．しかも，アメリカ構造主義の内部からである．批判を表明した学者は N. Chomsky である．

　彼がどういう点で IC 分析に満足できなかったかと言うと，それは IC 分析がなによりもすでに出来上がった文の構造を分析しようとしているに過ぎない点であった．

　彼の考えでは，例えば Der Mann malt ein Porträt. という文を IC 分析によって下から上へ向かって(たしかに IC 分析は文から出発して，下から上へ向かって文の構成素を分析して行った) ヒエラルヒーの内部における各レベ

ルでの直接構成素を突き止めてゆくやり方は静的であって，否定されるべき方法である．

　むしろ彼には，枝分かれ図のいちばん上に位置するSというシンボルが展開されて，いちばん下の Der Mann malt ein Porträt. という文になってゆく動的な過程を上から下へ向かって記述することが大切であると思われた．

　この動的な過程は，言い換えれば，人間が文を「生成する」(generieren＞generativ) 過程である．**生成変形文法 generative Transformationsgrammatik** に含まれる「生成」という付加語はここに由来する．Chomsky によれば，言語研究はなによりも文が生成される過程を明らかにし，記述することを任務とするべきである．

　彼の理論は，著書 *Syntactic Structures* (1957) ならびに *Aspects of the Theory of Syntax* (1965) を節目として発展してきた．以下の解説は最近の理論的発展までは含まず，生成変形文法のほんの概略の紹介にすぎない．

　文が生成される動的な過程はまず一連の**書き換え規則 Ersetzungsregel**（下に記す①，②，③のこと）によって記述される．自分が作りだそうとする文にどんな書き換え規則が必要であるか，そして，それらの規則をどんな順序で適用すべきかは，その言語共同体に生まれついた話し手には当然分かっている．

　ここでは，最初に適応すべき規則は① S → NP＋VP（„Ersetze S durch NP＋VP!" と読む．「SをNPとVPで書き換えよ」）である．適用した結果が右の図である．

　次に適応すべき規則は，② NP → DET＋N（„Ersetze NP durch DET＋N!" である．この規則は，以下 NP が現れるたびに適用される）

　その次に適応すべき規則は，③ VP → V＋NP（„Ersetze VP durch V＋NP!"）である．

　一連の書き換え規則（①，②，③）を適用することによって右の図の最下行に見られるようなシンボルの行列が作りだされる．このシンボルの行列を**前終端連鎖 Vorendkette** という．

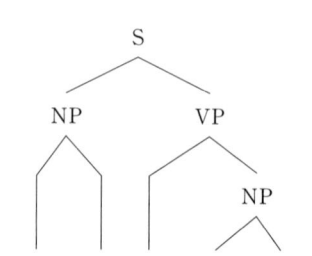

第4章 統語論

　以上は作業の第1段階であって，できあがった前終端連鎖はまだ抽象的なシンボルの行列にすぎない．これが「文」の体裁を得るためには，作業の第2段階として，シンボルの一つ一つに語彙がはめ込まれなければならない．
　シンボルの一つ一つに語彙をはめ込むために，別に，**語彙規則 Lexikonregel** が用意されている．この語彙規則もまたその言語共同体に生まれついた話し手は当然知っている．人間が言語共同体のなかで育っていくにつれて言葉を覚えていくというのは，実はこのような書き換え規則や語彙規則，そしてそれらの規則の適用の順序を覚えてゆく過程のことなのだというのが，生成変形文法の基礎にある考えである．
　例文の場合の語彙規則は下のようである．

① DET → der, ein
② N 　 → Mann, Porträt
③ V 　 → malt

上の前終端連鎖にこれらの語彙規則を適用して，それぞれの前終端連鎖に語彙を挿入する．挿入を機械的に行ってゆけば下のようにいくつもの**終端連鎖 Endkette** が生まれる．そして，これらの終端連鎖のどれもが文法に適った適正な「文」であるとは限らない．なかには非文法的な「文」も含まれている．それらの文は左肩に*印をつけて非文法的であることを示すことになっているが，非文法的な「文」は無論除外される．それは，挿入したそれぞれの語彙要素がどんな統語素性を持っているか，また，どんな意味素性（語の意味を構成する要素：p.62参照）を持っているかが，この文を生み出した人の頭の中にある**辞書 Lexikon** にあらかじめ記載されていたからである．

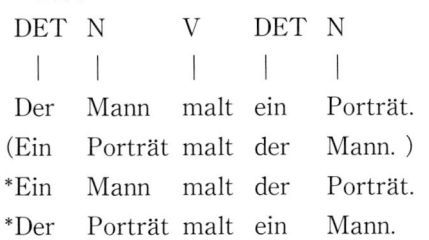

```
DET   N       V     DET   N
 |    |       |      |    |
Der   Mann   malt   ein   Porträt.
(Ein  Porträt malt  der   Mann.)
*Ein  Mann   malt   der   Porträt.
*Der  Porträt malt  ein   Mann.
```

　例えば，*Ein Mann malt der Porträt. では，mal- の＋hum「人間の行為」という意味素性が主語 Mann と意味的に適合するものの，4格目的語を必要とするという mal- の統語素性のために DET の der と適合せず，全体は非文法的な「文」として除外される．おなじように，*Der Porträt malt ein

Mann.では，derの＋masklin「(文法上)男性の」という統語素性とPorträtの＋neutral「(文法上)中性の」という統語素性が適合しないため，非文法的な「文」として除外される．

設問26 次のそれぞれの文が非文法的あるいはナンセンスである理由を述べよ．
    a. Mein Bruder besucht oft.
    b. Die Hasen diskutieren den Fernseher.
    c. Die Zuschauer verließen vergnügt dem Theater.
    d. Die Kaukasier wohnen aus Gewohnheit.

  枝分かれ図と前終端連鎖と終端連鎖を合わせて**句構造標識 Phrase-Marker**，あるいは，**P・マーカー**という．
  終端連鎖を話し手の口から発せられる現実の発話だと考えてはならない．それは，この段階では現実の発話のいろいろな場面の要素がまだ考慮に入れられていないからである．例えば，現実の場面では男はポートレートを描き上げてしまったのかも知れない．その場合は，Der Mann hat ein Porträt gemalt. という発話でなければならない．あるいは，( )で囲んだEin Porträt malt der Mann. は文法に適っているけれども，終端連鎖そのものであるとみなすことはできない．この配列は，現実の場面から目的語を強調することが求められるときはじめて現れる形である．しかもそれは一つの可能性にすぎず，現実の場面から要求されているのは疑問文なのかもしれない．そこで，終端連鎖を現実の発話と区別して，**深層構造 Tiefenstruktur** と呼ぶ．また，深層構造であって場面にまだ対応している訳ではないことを表そうとして，D- MANN- MAL- EIN- PORTRÄT のように記すこともある．深層構造を生み出す部門を**基底部門 Basiskomponente** という．
  他方，現実の場面の要素を考慮に入れて，場面に合わない「文」が深層構造から生み出されることがないように，そして，話し手が意図する「文」だけが生み出されるように，コントロールする部門として**意味部門 semantische Komponente** が想定されている．なお，このコントロールのことを生成変形文法の術語では「解釈」，詳しくは「意味解釈」という．
  この「意味解釈」に従って深層構造を現実の場面に適合するよう変形する

第4章 統語論

のは**変形部門 Transformationskomponente** である．変形部門において，深層構造が話し手の意図した現実の発話の形に変形される．例えば，

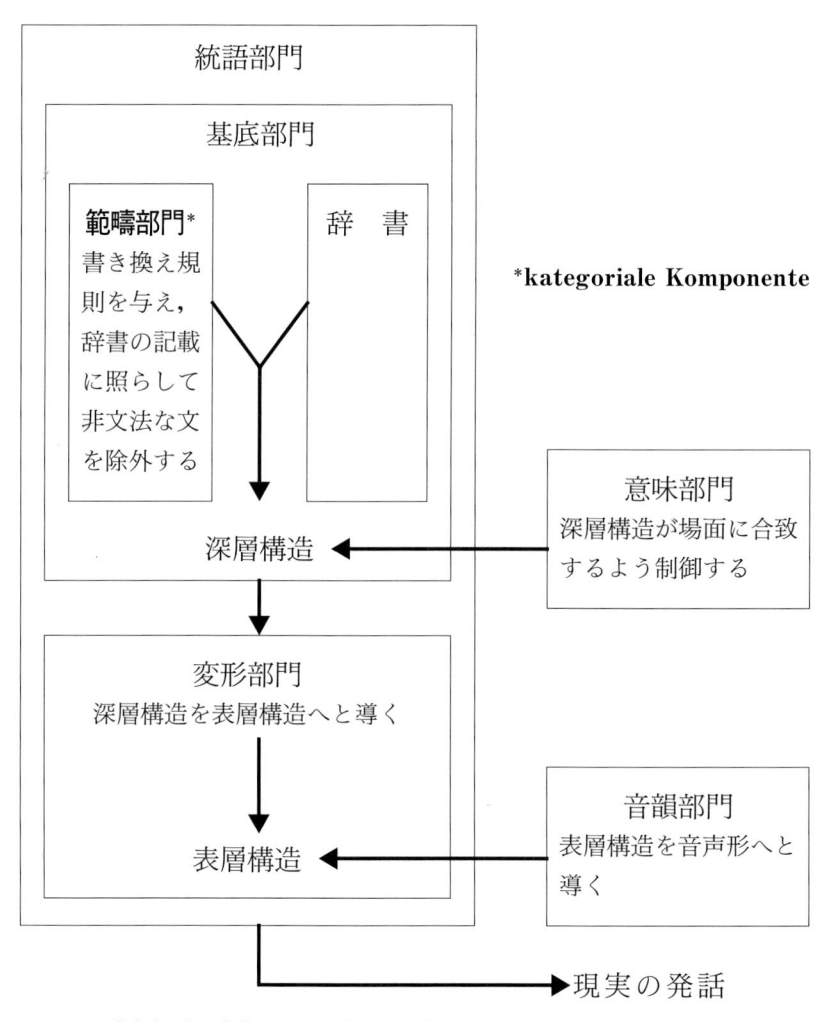

```
統語部門
  基底部門
    範疇部門*                  辞書
    書き換え規
    則を与え，
    辞書の記載
    に照らして
    非文法な文
    を除外する
         ↓
      深層構造  ← 意味部門
                  深層構造が場面に合致
                  するよう制御する
         ↓
      変形部門
      深層構造を表層構造へと導く
         ↓
      表層構造  ← 音韻部門
                  表層構造を音声形へと
                  導く
         ↓
      → 現実の発話
```

*kategoriale Komponente

    Malt der Mann ein Porträt?
    Er malt ein Porträt.
    Er malt es.
    Ein Porträt wird von dem Mann gemalt.

Der Mann malt kein Porträt.
der ein Porträt malende Mann
ein von dem Mann gemaltes Porträt

など．

　深層構造はこうして変形部門において変形されたのち**表層構造 Oberflächenstruktur** となる．生成変形文法の名称に含まれる「変形」という付加語はこの部門における過程に由来する．なお，生成変形文法では変形部門において深層構造が表層構造へと変形されることを，深層構造に変形規則が適用されて表層構造が「派生」されると言い表す．深層構造を生み出す基底部門と，深層構造から表層構造を「派生」させる変形部門とをあわせて**統語部門 syntaktische Komponente** と呼ぶ．

　表層構造はそのあと**音韻部門 phonologische Komponente** によって具体的な音声の形へと導かれて，はじめて現実の発話となる．例えば，決定疑問文は音韻部門においてはじめて上がりイントネーションが与えられる．具体的な音声の形へと導くことを生成変形文法の術語では「解釈する」という．

　結局，生成変形文法の理論によると，現実の発話が生み出される過程に四つの部門が関係している．すなわち，①基底部門，②変形部門，③意味部門，④音韻部門．このうち①と②は二つで統語部門を作っている．前ページの図は四つの部門の相互関係を示す．

　ちなみに，直接構成素分析の流れから生成変形文法を統語論の章に組み入れて解説したけれども，生成変形文法が統語論の枠をはるかに越えた文法理論であることは言うまでもない．

設問27　次のそれぞれの語句にはどのような文が基になっているか．文を記せ．文の主語か目的語が必要な場合は，Xを用いよ．

　　a．Entstehung eines Streites
　　b．Entwicklung der Filme
　　c．Pflege der Mutter
　　d．Entwicklung der geistigen Kräfte

設問28　次の三つの文それぞれの深層構造との関係を述べよ．

　　a．10 Stunden lang ununterbrochen führt die Gruppe das Drama auf.

b．Das Drama wird 10 Stunden lang ununterbrochen aufgeführt.
　　c．Die Aufführung des Dramas dauert 10 Stunden lang ununterbrochen.

設問29　IC 分析に対する Chomsky の批判の要点を述べよ．

Ⅴ．依存関係文法

　文がどのような構成になっているという問いに対して，構造主義の立場から出された二とおりの答えを上で紹介したが，そのほかにも文の構成について提出された答えがある．その一つは，文の中心は述語の動詞であって，述語の動詞以外の文肢はこの動詞に依存しているのだという考え方である．この考え方に立つ統語論を**依存関係文法 Dependenzgrammatik** と呼ぶ．Die Frau liest sehr viele Krimis. という文の構成は，この考え方に立てば右図のようである．

　述語の動詞（この例では liest）に依存している文肢（ここでは Frau と Krimis）を**共演成分 Mitspieler** と呼ぶ．共演成分どうしが互いに対等ではなくて，上下の関係にあることは viele が上で，viele を限定している sehr が下に置かれていることから見て取ることができる．ここでは，直接構成が文を構成する原理ではなくて，文の構成要素の互いのあいだの依存関係が文を構成する原理である．

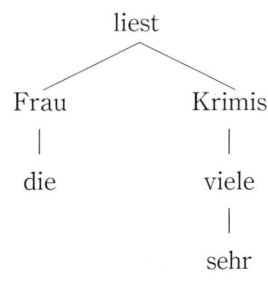

```
            liest
           /     \
         Frau    Krimis
          |        |
         die     viele
                   |
                  sehr
```

　このように，文は述語の動詞とその共演成分からできているのであるが，共演成分は**補足成分 Ergänzung** と呼ばれることもある．共演成分が補足成分と呼ばれる理由は，動詞が表す行為は一般に何か他の文要素によって意味的に補われる必要があるからである．例えば，lesen「読む」という行為は，少なくとも「読むという行為をなす者」と「読むという行為の対象」とがなければ成り立たない．

　つまり，依存関係文法の中心思想は，「動詞は文の中心だが，その周囲にはいくつか決まった数の空位がある」，そして，「共演成分がその空位を埋める」という考えである．直接構成素分析が枝分かれ図の頂上に S というシンボルを頂いているのに対して，依存関係文法の枝分かれ図では頂上には述語の動

詞が置かれる．

　動詞と共演成分のこのような関係を，原子核の廻りに電子が配置されている様子になぞらえて，動詞の**結合価 Valenz** と言い表す．これが依存関係文法が**結合価文法 Valenzgrammatik** とも呼ばれる理由である．

　依存関係文法ないしは結合価文法の考え方は L. Tesnière (1893－1954) に始まる．そして，ドイツでは G. Helbig ならびに U. Engel によってさらに発展させられた．しかし，アメリカやソ連でも，似たような考えが発表された．

　ドイツ語には 0 価の動詞から 4 価の動詞まで 5 種類の動詞が認められている．

　　① 0 価の動詞の例……regnen (Es regnet.)
　　② 1 価の動詞の例……blühen (Die Rosen blühen.)
　　③ 2 価の動詞の例……lieben (Die Eltern lieben ihre Kinder.), gehören (Dieses Gebäude gehört meinem Vater.), achten (Die Mutter achtet auf das Kind.)
　　④ 3 価の動詞の例……geben (Hans gibt der Katze Milch.), hängen (Ich hänge das Bild an die Wand.)
　　⑤ 4 価の動詞の例……übersetzen (Der Schriftsteller übersetzt den Roman aus dem Deutschen ins Japanische.)

　Es regnet. はこの二語で現象を表す．文法上の主語である es には実質的な内容がない．主語がないと文法上不自然だという理由から形式的に置かれているに過ぎない．そのため，動詞 regnen は 0 価と考えられている．

　動詞 achten は「～に注意を払う」という意味のときは，「注意を払う人物」と「注意を払う対象の人か物や事態」の二つが明らかでなければ文が意味的に成り立たないので，2 価の動詞に数える．この場合の auf das Kind は伝統的な文章論でいう前置詞格目的語であって，たんなる副詞句ではない．

　übersetzen「翻訳する」という行為には，「翻訳する者」，「翻訳する対象」，「翻訳の対象が書かれた原語」，「翻訳される言語」の四者が必要なので 4 価と考えられる．しかし，現実の文では「翻訳の対象が書かれた原語」は自明として省かれることもある．例文 Der Schriftsteller übersetzt den Roman aus dem Deutschen ins Japanische. の枝分かれ図を示すと，下のようである．

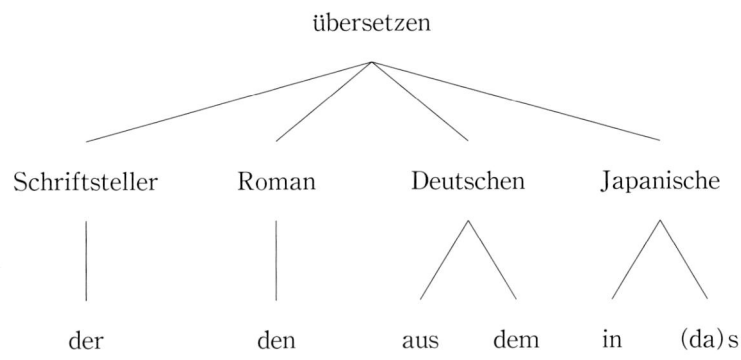

第4章　統　語　論

```
                    übersetzen
          ┌───────┬─────┴──────┬────────┐
    Schriftsteller  Roman   Deutschen  Japanische
          │          │        ╱  ╲      ╱  ╲
         der        den     aus  dem   in  (da)s
```

　現実の文はいつも文に必須の要素である動詞と補足成分だけで成り立っているわけではなくて，これらの必須要素のほかに他の要素が付け加えられていることが多い．それは，現実に受け手にいろいろ詳しい情報を伝える必要があるためである．これらの要素は**任意添加成分 freie Angabe** ならびに**付加語 Attribut** と呼ばれる．そして，任意添加成分は枝分かれ図では動詞と実線ではなくて点線で結ばれる．

　任意添加成分とは副詞のことで，付加語とは付加語形容詞のことである．例えば，Gestern fragte eine Mutter den neuen Lehrer nach seinen ersten Eindrücken. (昨日，一人の母親が新任の教師に彼の第一印象を尋ねた) においては，gestern という副詞は任意添加成分であり，neuen と ersten という付加語形容詞は付加語である．

　Gestern fragte eine Mutter den neuen Lehrer nach seinen ersten Eindrücke. における依存関係を枝分かれ図で示すと，下のようである．

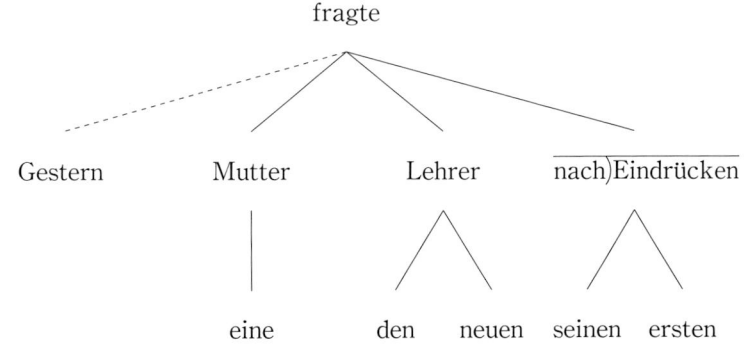

```
                      fragte
         ┌ ─ ─ ─ ─ ┬────┼─────┬──────────┐
      Gestern   Mutter Lehrer   nach)Eindrücken
                   │     ╱╲        ╱    ╲
                  eine  den neuen seinen ersten
```

　任意添加成分と付加語は，統語論の立場から言うと，消去可能な要素であ

る．それゆえ，gestern は Mutter / Lehrer / nach Eindrücken と同列に並んではいるけれども，文成分としては Mutter / Lehrer / nach Eindrücken のように文を構成するのに必須の要素ではない．破線はそのことを示している．また，nach Eindrücken は前置詞格目的語であるので，一体であることを示すために図のように前置詞と名詞にまたがる線を引き，あいだに) を入れておく．

設問30

次のそれぞれの文における依存関係を図示せよ．また，それぞれの文を日本語になおせ．

  a．Der Rhein ist 1320 Kilometer lang.
  b．Sechs Staaten liegen an den Ufern des Rheins.
  c．Die neuen Frauenbewegungen unterstützt das Selbstbewusstsein der Frauen.

 動詞の結合価に関連して，ぜひとも注意しておきたいことがある．それは，文に必須の要素である動詞ならびに動詞の補足成分と，文に必須の要素であるとは言えない任意添加成分ならびに付加語との区別はあくまでも文法上の区別であるということである．

 現実に受け手に情報を伝えるという観点から言えば，文に必須の要素である動詞あるいは動詞の補足成分よりも，文に必須の要素であるとは言えない任意添加成分あるいは付加語のほうがはるかに大切である場合がある．文法の立場からすれば文に必須の要素とみなされても，現実の文では省かれることがしばしば起こる．また逆に，文法の立場からすれば任意に添加される自由な要素が，情報の観点からはけっして省くことができない場合も起こりうる．

 例えば，
  „Ist er Jude?"（「彼はユダヤ人だろうか」）
  „Er, glaube ich, nicht. Seine Frau vermutlich...."（「彼，そうじゃないと思うよ．でも奥さんのほうはひょっとするとね」）(Th. Mann: *Der Wille zum Glück*)
という対話における返事に含まれる二つの文のうち，第1の文では文法的に

第4章　統語論

完全であるために必須の要素である ist と Jude が，第2の文では文法的に完全であるために必須の要素である ist と Judin が省かれている．しかし，文法的に不完全であるからといって，少しも不自然ではない．むしろ，生き生きとして会話らしい．他方，第2の文では任意添加成分である vermutlich が，情報の観点から必須のはたらきをしている．

　結合価文法の分析を適用するのは文脈や場面の補足を必要としない例文に限られる．生きて使われていることばに適用することはできない．生きて使われていることばの観察や研究については，第8章以下で詳しく扱う．

第5章 意味論

I．「意味」の意味

　F. de Saussure は言語を「観念を表す**記号 signe** の体系」と定義した．話をやさしくするために「記号」を「単語」と読み替えると，単語は Saussure によれば片一方の面には「発音」が書かれており，もう片一方の面には「意味」が書かれている一枚の紙に喩えられる．すなわち，紙の「発音」の面を裏返すと「意味」の面が現れ，「意味」の面を裏返せば「発音」の面が現れる．「発音」のことを Saussure は**記号表現 signifiant** と名付け，「意味」のことを**記号内容 signifié** と名づけた．

```
              記号                      記号の外にある世
   ┌─────────────────────┐              界に存在する実在
   │  犬 （記号内容：意味）│              としての犬
   │─────────────────────│
   │ [mu] （記号表現：発音）│
   └─────────────────────┘
```

　ある愛犬家が，「私は犬が好きで，犬を飼うのはこの犬でもう三匹目だ」と言ったとする．彼の発話のなかに三度出てくる「犬」の意味は同じだろうか．
　はじめの「犬」と次の「犬」は，どの犬を指すわけでもなくて，一般的に犬を指している．最後の「犬」は「この」という言葉でも分かるように，目の前にいる「犬」である．つまり，指している内容が違う．はじめの「犬」と次の「犬」が指しているのは「犬という種族」であり，あとの「犬」が指しているのは「種族のなかの個体」である．それゆえ，単語の意味というときは，**種族の指示**の意味なのか，それとも**個体の指示**の意味なのかを区別する必要がある．
　上の図と関連させて言えば，はじめの「犬」と次の「犬」は記号のなかで発音と結びついている「記号内容」としての「犬」である．辞書に載っている「意味」は，この「記号内容」としての意味である．しかし，最後の「犬」

は，「記号内容」ではなくて，「記号内容」を記号の外の世界に存在する一つの具体物に当てはめた場合である．それゆえ，単語の意味というとき，「記号内容」そのものなのか，それとも，「記号内容」の現実への適用であるのかも区別する必要がある．「記号内容」の場合の「意味」を **Bedeutung** と呼び，「記号内容」の現実への適用である場合の「意味」を **Sinn** と呼ぶ．

　Sinn は「意義」と訳されるが，上の犬のような平凡な例では，Bedeutung と Sinn をそれほど鋭敏に区別する訳ではない．「犬」という言葉が受け取る人それぞれの経験や感覚などによって異なる「意義」を持つとは考えにくいからである．しかし，単語の意味が受け取る人それぞれの経験や感覚などによって異なることがはっきりしている場合には，「意義」という訳はぴったりする．

　単語の意味の「意味」について話すとき，Bedeutung と Sinn の区別とは別に，次のような区別をすることもある．

　　　①外延的意味（明示的意味ともいう）
　　　②内包的意味（暗示的意味ともいう）
　　　③連語的意味

外延的意味 denotative Bedeutung というのは概念的意味のことである．例えば Kopf の外延的意味は「頭部（頸から上の部分）」（以下ではこの意味で「頭部」と言う）である．ところが，Birne にも「頭部」という外延的意味がある．しかし，Birne には「頭部」という外延的意味のほかに揶揄的で嘲弄的な意味が加わっている．それは，もともと「セイヨウナシの実」を意味した Birne が「セイヨウナシの実の形をしたもの」の隠喩として「セイヨウナシの実の形をした頭」の意味で使われ，やがて形がセイヨウナシの実に似ていない頭も含めて「頭部」全般を指すようになったからである．このように外延的意味のうえに加えられた意味を**内包的意味 konotative Bedeutung** という．Birne がやや品のよくない言葉であるとされるのはこの内包的意味が揶揄的で嘲弄的なせいである．独和辞典によっては，この品の悪さを訳語で伝えようとして「どたま」と表示している例が見られる．一方，おなじく「頭部」を外延的意味とする Kopf にはそのような品の悪さはない．

　もっとも，歴史をたどると，Kopf もまた「頭部」を意味する普通の言葉であった Haupt に取って代ったのである．今日では Haupt は「雅語」とされている．Kopf を普及させたのは，Kopf に十字軍騎士の剣が異教徒の頭蓋骨を

叩き割る音の爽快さとの連想であったという説がある．

　内包的意味と隠喩とは区別しなければならない．内包的意味は，単語が外延的意味のほかに持っている意味として言語共同体によって認められている．隠喩は，上の Birne の例で分かるように，内包的意味が成立する過程の一段階にすぎない．Birne が「洋梨の実の形をした頭部」の隠喩として使われるうちに，別に洋梨の実に形が似ていない頭についても使われるようになって，ついに一般に「頭部」という外延的意味を獲得したからである．

設問31　石川五右衛門が辞世に「石川や浜の真砂は尽きるとも世に盗人の種はつきまじ」とうたった時の，「盗人」の意味の「意味」は何か．

設問32　むかし，貧しい親子があった．蒲団がないので，冬は積み上げた藁にもぐり込んで寝ていた．ある朝客が来たので，仕方なく起き出して，親父が応対していると，息子が父親に向かって，そっと「親父さま，背中に蒲団が着いております」．
　この小咄のなかの息子のせりふに出てくる「蒲団」の意味は「蒲団」の内包的意味か，それとも隠喩か．理由とともに答えよ．

　Birne に「洋梨の実」，「電球」，「頭部」という三つの外延的意味があるけれども，Ich habe die Birne verloren. という文脈では Birne は「洋梨の実」か「電球」のどちらかしか意味することができず，「頭部」を意味する Birne は文脈からして登場する余地がない．このように文脈によって制限された意味を**連語的意味 kollokative Bedeutung** という．

設問33　「わたる世間に鬼はない」ということわざの「鬼」を「同情心のない人」で置き換えることができないのはなぜか説明せよ．

　さて，ein kühles Blondes「冷えた一杯のビール」のなかの blond は「金髪の」という外延的意味でなくて，むしろ「金髪のようにこのうえなく美しく好ましい」という内包的意味で使われている．そして，この内包的意味は Birne の場合とちがって揶揄的・嘲弄的ではない．賛美的・肯定的である．あるいは，Der Kommissar wieherte.「人民委員は哄笑した」に使われた wiehern は，それの外延的意味「馬がいななく」を考えあわせると，人民委員が「馬がいななくように笑った」という攻撃的で侮蔑的な内包的意味を多分に含んでいる．「頭部」を意味する Birne の例もそうであったが，これらの内包的意味は**情動的意味 affektive Bedeutung** と呼ぶことができる．

　情動的に強められた表現は，文体的にはしばしば誇張が過ぎて「品がない」ことが多い．そのため，「金髪のようにこのうえなく美しく好ましい」という意味で使われた blond も，「馬がいななくように笑った」という意味で使われた wiehern も，「頭部」に対して嘲って使われた Birne も，文体的には俗語のレベルでしか使われない．それゆえ，これらの blond や，wiehern や，Birne は「俗語的」という**文体的意味 stilistische Bedeutung** を持っていると言わなければならない．反面，ともに「人頭の前面部分」という外延的意味を表す Antlitz と Gesicht とでは，Gesicht が中立的な文脈で日常的に使われるのに反して，Antlitz は韻文や高踏的な文脈でしか用いられない．したがって，Antlitz は「雅語的」という文体的意味を持っていると言うことができる．このように，②内包的意味はさらに情動的意味と文体的意味に分けることができる．

II．意味論の領域

　「意味」を研究する言語学の分野を**意味論 Semantik** という．Semantik という呼び方は M. Bréal: *Essai de sémantique* (1897)に由来すると言われる．

　「意味」を表したり伝えたりするのは単語ばかりではない．語句も文も意味を表したり伝えたりするし，意味を伝えるいちばん普通の手段はテクストである．したがって，単語の意味論だけでなく，語句や文の意味論，テクストの意味論もありうるわけであるが，普通，意味論の研究はおもに単語のレベルで行われている．

　また，単語はさらに形態素にまで分解でき，そのうえ形態素は言語の意味を担う最小の単位であるから，形態素の意味論もありうるわけであるが，形態素の研究はもっぱら形態論や形態素論の領域で行われる．

III．伝統的な意味論の功績

　言語の意味の研究は古くから哲学者や言語学者たちによって行われてき

た．この伝統的な意味論の功績は二つの分野にわたっている．すなわち，歴史的な分野と現代語の分野である．

　歴史的な分野における功績というのは，現代の語形や意味が過去においてはどうであったかを調べたことであり，現代語の分野における功績というのは，とくに現代の語形や意味を問題にして研究したことである．

　F. de Saussure は，歴史的という代わりに**通時的 diachronisch** という用語を，現代のという代わりに**共時的 synchronisch** という用語を使った．

III-1. 伝統的な意味論の通時的分野における功績

　単語の意味の歴史的な研究は，すでに19世紀から行われてきた．それは単語の意味を過去へ向かってさかのぼって調べることであった．

　ドイツ語の古い時代の単語の意味を過去へ向かってさかのぼって調べることは，ドイツ語と親族関係にあるオランダ語や英語やスウェーデン語の過去の時代の単語の研究に手をのばすことを意味する．

　例えば，現代ドイツ語の Fenster「窓」をさかのぼると，

　　nhd.　Fenster
　　　　　　↓
　　mhd.　venster (=„Lichtluke, Fensteröffnung")　　**mnd.**　　vinster
　　　　　　↓
　　ahd.　fenstar
　　　　　　　　　　　　　　　　　　　　　　　　　　　niederl.　venster
　　　　　　　　　　　　　　　　　　　　　　　　　　　aengl.　　fenester
　　　　　　　　　　　　　　　　　　　　　　　　　　　schwed.　fönster

　　lat.　　fenestra (=Öffnung für Luft und Licht in der Wand, Fensteröffnung；[seit der Kaiserzeit auch：] Glasfenster)

　　got.　augadaúro (=„Augentor")

それぞれの略号の意味は下のとおり．

　　　　　　nhd.：Neuhochdeutsch（新高ドイツ語）
　　　　　　mhd.：Mittelhochdeutsch（中高ドイツ語）
　　　　　　mnd.：Mittelniederdeutsch（中低ドイツ語）

ahd.：Althochdeutsch（古高ドイツ語）
niederl.：Niederländisch（オランダ語）
aengl.：Altenglisch（古英語）
schwed.：Schwedisch（スウェーデン語）
lat.：Lateinisch（ラテン語）
got.：Gotisch（ゴート語）

設問34 上の Fenster の語源の説明で（ ）のなかに記されているのは古いドイツ語の意味の説明あるいは現代ドイツ語による置き換えである．それぞれ日本語に直してみよう．

このように単語の古い形を求めて広く探索した努力の成果は，単語どうしのあいだに人間で言えば血縁関係とも言うべき関係があることを明らかにしたことである．単語同士が互いに「血縁関係」にあることを**語親族 Wortfamilie** を作っていると言う．

例えば，現代ドイツ語の haben「持っている」と heben「持ち上げる」はともに本来は „fassen, ergreifen"「しっかりと掴む」を意味していた．さらに現代ドイツ語で haben や heben と「血縁関係」にある単語を探すと，Habicht「オオタカ」，Hafen「港」，Hefe「酵母」，Haft「拘留」，heftig「はげしい」，Heft「ノート」など多数の単語が見つかる．

これらの語親族に属する単語を一つ一つ調べて行くと，すべて一つの共通の要素から「血を受けている」ことが分かってきた．学者たちはこの根元的な共通要素のことを**語根 Wurzel** と名づけた．

haben や heben, Habicht, Hafen, Hefe, Haft, heftig, Heft などの語根は "hab-/heb-" である．ところが，語根 "hab-/heb-" は，さらに**印欧祖語 Urindoeuropäisch** に存在したと推定されている語根 "*kap-" にまでさかのぼることができる．

というのは，ラテン語の capere („packen", „fassen") にも語根 "*kap-" が含まれているし，それはさらにラテン語からの借用語の形を通してドイツ語にも入ってきているからである．kapieren「分かる」，Kapsel「カプセル」，Kasse「レジ」，Prinzip「原理」，Disziplin「学科」，Konzept「構想」など．

単語の意味を過去へ向かってさかのぼって調べて行く研究はまた別の成果

をもたらした．それは，単語の意味の変化にも一定の傾向が認められることを突き止めたことである．

　①意味の拡大：　例　mhd.　vrouwe　「貴婦人」
　　　　　　　　　　nhd.　Frau　　「女性」
　②意味の狭小化：例　mhd.　hochzit　「(教会で行われるあらゆる）お祭り」
　　　　　　　　　　nhd.　Hochzeit　「結婚式」
　③意味の向上：　例　mhd.　houbet　「頭(あたま)」
　　　　　　　　　　nhd.　Haupt　　「頭(こうべ)」（雅語）
　④意味の下落：　例　mhd.　wip　　「女性」
　　　　　　　　　　nhd.　Weib　　「女」（軽蔑的に）

　単語の意味を過去へさかのぼって調べて行って，その単語の根元的な意味を突き止めようとする言語研究の分野を**語源学 Etymologie** という．

　語源学の功績は単語の古い形を調べあげたことに止まらない．単語の歴史的な研究を通していろいろな文化史的な事柄を明らかにしたのも功績の一つである．

　例えば，ゲルマン人がラテン語から Fenster の元の形である fenstra を借用するまでは，ゲルマン語の augadaúro が使われていた．なぜゲルマン語の augadaúro が使われなくなって，ラテン語の fenstra が使われるようになったのであろうか．

　それは，ゲルマン人がローマ人から石造りの建築を学んだことに関係している．進んだ文明をもっていたローマ人から建築について学ぶまで，ゲルマン人は掘立小屋に住み，木の枝を編んで壁の代わりにしていたのだ．現代ドイツ語で「部屋の壁」を意味する Wand の根元的な意味は「編まれたもの」であったことも語源学の研究から分かっている．光や風を取り入れるために，木の枝を編んで壁を上下に押し開いた部分が augadaúro (Augentor) と呼ばれた．そして，木の枝を編んだ壁がはやらなくなって，石積みの壁に取って代わられたのと平行して，augadaúro は消え去り，fenstra が定着したのである．

設問35　現代ドイツ語で lesen と言えば，「読む」という意味である．しかし，これは比較的「新しい」意味であって，「古い」（つまり，「本来の」）

第5章 意 味 論

意味は,「拾い集める」である.
　なぜ,「拾い集める」から「読む」に変わったのだろうか.
　その謎を解く鍵は,ゲルマン人の時代の下のような習慣にある.ドイツ語を日本語になおしてから,「拾い集める」から「読む」への意味変化とこの習慣がどう結びつくか,日本語で説明せよ.

　In germanischer Zeit streute der „Priester" zuerst Stäbchen auf der Erde aus. Dann sammelte er sie nach einer bestimmten Reihenfolge ein. Da jedes Stäbchen auf sich eine Runenschrift* hatte, konnte er sie deuten und dadurch weissagen.

　注　Runenschrift：ルーネ文字（紀元後1世紀以来ゲルマン人のあいだに普及していた文字）

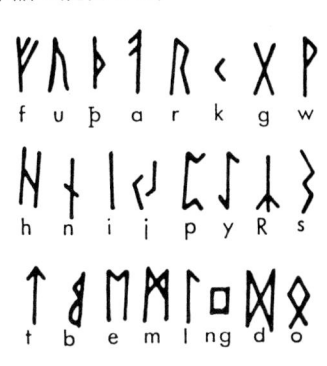

Ⅲ-2．伝統的な意味論の共時的分野における功績

　伝統的な意味論は共時的な研究分野でも成果を残した．それは，単語どうしのあいだの意味的な関係に型があるのを発見したことである．
　それらの型とは次の五つである．
　①同音異義 Homonymie：音声形は一致するが，語源学的に別の単語であって，意味も異なる場合.

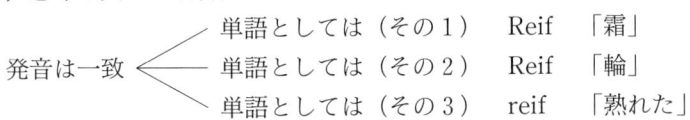

　　　　　　　　　　　単語としては（その1）　　Reif　「霜」
　　発音は一致　←―　単語としては（その2）　　Reif　「輪」
　　　　　　　　　　　単語としては（その3）　　reif　「熟れた」

　Reif と reif とでは綴りが異なるので，厳密に言えば，この二つの関係は**異形同音異義 Homophonie** である．

設問36　次のそれぞれの音声形について各一対の異形同音異義語を記せ．
　　a．[vaːl]，　b．[ˈnaːmən]，c．[ˈmaːlən]，d．[liːt]，e．[moːr]

　綴りの上で外形は一致するが，アクセントの位置や母音の長短などによっ

て意味が異なる場合もある．この関係は**同形異義 Homographie** と呼ばれる．

設問37　次の各一対の同形異義語を区別せよ．
　　a．modern — modern
　　b．übersetzen — übersetzen
　　c．umfahren — umfahren
　　d．sie rasten — sie rasten

②**多義 Polysemie**：一つの単語が，隠喩も含めて複数の意味を持っている場合．

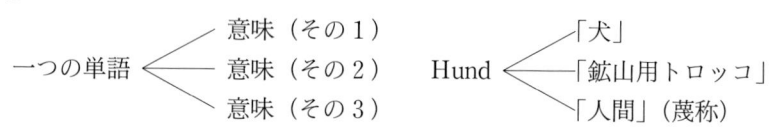

　　　　　　　　┌ 意味（その１）　　　　　　　┌「犬」
　一つの単語 ←─┤ 意味（その２）　　Hund ←─┤「鉱山用トロッコ」
　　　　　　　　└ 意味（その３）　　　　　　　└「人間」（蔑称）

設問38　次の a.〜d. までの例文でイタリック体の語は，互いに同音異義の関係にあるか，それとも多義の関係にあるか，例文を訳したうえで答えよ．
　　a．Die Suppe *kostet* 2,50 DM. — Paul *kostet* die Krabben.
　　b．Das *Schloß* hat 99 Zimmer. — Dies *Schloß* ist verrostet.
　　c．Das *Tau* ist gerissen. — Nachts fiel *Tau*. — Der Buchstabe *Tau*.
　　d．Bergauf im 2. *Gang*. — Ein Gehör*gang*. — Ein wiegender *Gang*.

③**同義 Synonimie**：二つ以上の別の単語の意味が同じであるか，似ている場合．二つ以上の単語の意味が完全に一致することは実際はあり得ない．あくまでも類似しているにすぎない．つまり，完全な同義語は実際はあり得ず，**類義語 sinnverwandtes Wort** があるにすぎない．外延的意味が一致しても，内包的意味が異なっているからである．
　　Samstag「土曜日」────── Sonnabend「土曜日」

設問39　それぞれの類義語のカップルをそれぞれ訳してみて，①ほぼ同じ，②よく似ている，③まあまあ似ている，に分けよ．

a．wandern － schreiten
　　　b．Auskunft － Information
　　　c．Frühling － Lenz
　　　d．Kiefer － Föhre
　　　e．Fahrrad － Drahtesel

設問40　それぞれの類義語のグループについて「雅語」,「中立語」,「俗語」
　　　の区分を示せ．
　　　a．empfangen － kriegen － bekommen
　　　b．Gaul － Ross － Pferd
　　　c．Wagen － Karre － Auto
　　　d．essen － speisen － fressen

　④**反義 Antonymie**：単語の意味が対立している関係．ただし，対立というのは否定のことではない．反義はさらに三種類に分けられる．
　　矛盾的反義 kontradiktorische Antonymie：相互排除的で中間段階が
　　　　　　　　　　　　　　　　　　　　　　　　ない場合
　　　　　　　　　　　Leben － Tod
　　対極的反義 konträre Antonymie：両極のあいだに無数の中間段階が
　　　　　　　　　　　　　　　　　　　考えられる場合．
　　　　　　　　　　　lang － kurz
　　逆関係的反義 konverse Antonymie：互いに相手があってこそ成り立
　　　　　　　　　　　　　　　　　　　　つ，ペアーとしての反義．
　　　　　　　　　　　geben － bekommen
　三種類の反義は次のように考えれば容易に見分けることができる．AとBの関係について,「Aであれば絶対にBではありえないし，Bであれば絶対にAではありえない」と言えたら矛盾的反義．例えば,「独身者」は絶対に「既婚者」とは呼べないし,「既婚者」であれば絶対に「独身者」ではない．AとBの関係について,「非Aは必ずしもBではない」と言えたら対極的反義．例えば,「貧しい」を打ち消して「貧しくない」とは言えても,「貧しくない」ことは必ずしも「豊か」ではない．「粗野な」を打ち消して「粗野でない」と言ってみても,「粗野でない」からといってかならず「礼儀正しい」とは限ら

— 57 —

ない．さらに，AとBの関係について，「AがあるからこそBがある．Bがあるからこそ Aがある」と言えたら逆関係的反義．例えば，「買い手」があるからこそ「売り手」がある．「売り手」があるからこそ「買い手」がある．

設問41 下の各一対の反義語のカップルを①矛盾的反義，②対極的反義，③逆関係的反義に分けよ．
  a．lebendig ― tot
  b．Hohe ― Tiefe
  c．Wirt ― Gast
  d．kaufen ― verkaufen
  e．bestehen ― durchfallen

 ⑤**上位概念 Hyperonym と下位概念 Hyponym**：上位概念と下位概念の関係はヒエラルヒーをなしていて，複数の位階を作っている．
   Lilie「百合」⊂Blume「草花」⊂Pflanze「植物」
 Lilie「百合」は Blume「草花」の一種である．AとBの関係について「AはBの一種である」と言うことができたなら，BはAの「上位概念」である．百合もチューリップもすみれも「草花」であるから，「百合」の上位概念も「草花」であり，チューリップの上位概念も「草花」であり，「すみれ」の上位概念も「草花」である．そして，百合とチューリップとすみれの花はそれぞれ「草花」の下位概念である．「草花」は「植物」の一種であると言えるから，「植物」は「草花」の上位概念である．

設問42 Gebirge, Gewässer, Wüste, stehendes Gewässer, fließendes Gewässer を使って Landschaftsform という上位概念から Bach, Fluss, Meer, See, Strom, Teich という六つの下位概念が導き出されることを枝分かれ図を使って示せ．

Ⅳ．語場の理論

 「語場」とは聞き慣れない言葉である．ドイツ語の „Wortfeld" という術語の訳語である．
 例えば，「人間が，誕生後，長い年月を経ている状態」を言い表す単語は alt

第5章 意 味 論

だけでない．ほかに bejahrt「年を経た」，betagt「年老いた」，altlich「年配の」，angegraut「髪が白くなった」，ergraut「白髪の」，grau「年取った」，weiß「白髪の」，hochbetagt「高齢の」，vergreist「老けた」，greisenhaft「高齢者らしい」，senil「耄碌した」などがある．

　これらは同義語と呼ばれているものの，実際に互いの意味が完全に一致することはまれである．たとえ外延的意味が同じであっても内包的意味にずれがあったり，文体的意味が異なったりするのがむしろ普通である．そこで，同義語の代わりに類義語 sinnverwandtes Wort という術語が使われる．このことはさきに同義の説明の箇所でも触れた．
　上の実例をくわしく観察すると，類義語について次のことが言える．
　①上品に遠回しに表現している単語もある（例えば，bejahrt「年を経た」）反面，露骨に軽蔑的に言い表している単語もある（例えば，senil「耄碌した」）．
　②つまり，類義語といっても，意味がポジテイブな単語からネガテイブな単語まで，評価的にはさまざまである．
　③したがって，類義語は場面によって使い分けなければならない．どんな場面であっても互いに置き換え可能というわけではない．
　④すなわち，これらの単語にはそれぞれ場面に応じて出番がきまっていて，各単語はその役割を分担している．
　⑤それぞれの単語に出番が決まっている反面，これらの類義語すべてに共通しているのは，「人間が，誕生後，長い年月を経ている状態」を言い表すため以外には使われないことである．つまり，*Die Geschwindigkeit ist alt. はナンセンスな文でしかない．また，Die Uhr ist alt. とは言うけれども，その場合の alt は「古い」という意味であって，ここで言う alt とは別義である．
　類義語の集合は**語場 Wortfeld** と呼ばれる．「集合」とは，「集合論」でいう意味の「集合」である．
　語場は，自然言語にあっては自然発生的に成立するが，人工的に作り出される語場もある．例えば，学校の成績を表す sehr gut「優」／gut「良」／genügend「可」／ungenügend「不可」の4段階表示．ここでは学業成績という語場が四つに区分されていて，それぞれの範囲が決まっている．
　語場に新しい単語が加わることがある．その場合は，各単語の分担する意味の範囲が変化する．このような変化は，自然言語における語場についても起こるし，人工的な語場についても起こる．例えば，学校の成績が次のよう

4段階評価	sehr gut		gut		genügend		ungenügend
5段階評価	sehr gut		gut	befriedigend	ausreichend		ungenügend
6段階評価	sehr gut	gut		befriedigend	ausreichend	mangelhaft	ungenügend

な4段階制から5段階制に切り替えられると，sehr gut「秀」／ gut「優」／ befriedigend「良」／ ausreichend「可」／ ungenügend「不可」となる．これにさらに mangelhaft「不十分」が加わると6段階評価となる．

　語場の研究を提唱したのは J. Trier であるが，L. Weisgerber によってとくに熱心に進められた．これまでに研究された語場は，「理解力」，「生命の停止」，「場所の移動」，「栄養物の摂取」，「色彩」，「水の集合形態」，「空間の形容詞」などである．これらの語場に属する単語がそれぞれ互いにどのような関係にあるかを明らかにするのが語場研究の目的であった．

　具体物の名前の語場は，構成する各単語どうしの関係を見極めるのは比較的やさしいが，抽象的な意味の単語の語場は，単語どうしの関係を客観的に確定するのは困難である．L. Weisgerber が示した「生命の停止」の語場は下の図のようである．

　まん中の円に「生命の停止」と語場の名称が書かれてある．そのすぐ外側

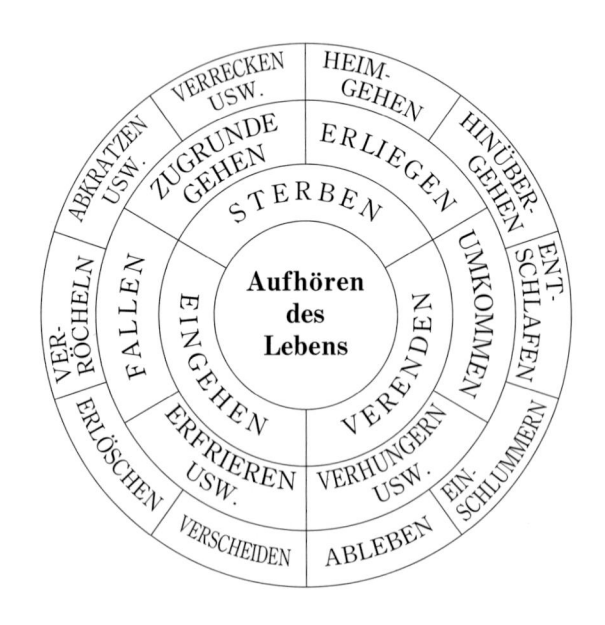

の円が，sterben「死ぬ」という中立的な意味と，eingehen「永遠の眠りにつく」という高尚な意味と，verenden「動物，とくに家畜が死ぬ，（人間が惨めな状態で死ぬ」という評価の低い意味とに三分されている．さらに外側の円では，これら三つの単語の意味がさらに細かく分けられる．例えば，中立的な sterben「死ぬ」は，zugrundegehen「（病気などで，みじめに）死ぬ」と erliegen「（病気などに負けて）死ぬ」とに分けられる．

ここまでは頷けるが，zugrundegehen「（病気などで，みじめに）死ぬ」がいちばん外側でいっそう細かく verrecken「動物，とくに家畜が死ぬ，（人間が惨めな状態で死ぬ」その他と abkratzen「くたばる」（俗語）その他に分けられているけれども，abkratzen の意味は一部は隣へはみだしているのはなぜだろうか．また，verrecken などと abkratzen などの区分はどうして決めるのだろうか．

この図は，一見，精密そうだが，このように精密でない点も多く含んでいる．

結局，語場の研究は興味深い問題を提起したものの，語場に属する単語どうしの意味の関係を完全には明らかにできなかった．方法に主観的な判断にたよるという弱点があったのである．

Ⅴ．成分分析

アメリカ構造主義言語学は，語場研究の方法上の弱点を克服するために，より客観的な方法を考え出した．それは，単語の意味はいくつもの特徴的な成分から成り立っているという考えに基づいている．すなわち，単語の意味がそれらの特徴的な成分の組み合わせで出来ていることを分析して示すなら，その組み合わせがその単語の「意味」である．別の単語にも同じ分析を加えて得られた特徴的成分の組み合わせを，この組み合わせと比較すれば，二つの単語の意味を主観を排して区別することができる．

例えば，Mann「男」，Frau「女」，Junge「少年」，Mädchen「少女」は，「男性」，「女性」，「成人」，「非成人」という四つの特徴的な成分の組み合わせを明示すれば，互いに明確に区別できる．すなわち，
　　　男性で成人なら，あるいは成人で男性なら「男」
　　　男性で非成人なら，あるいは非成人で男性なら「少年」
　　　女性で成人なら，あるいは成人で女性なら「女」

女性で非成人なら，あるいは非成人で女性なら「少女」．
　なお，「男性」と「女性」は「子供を産む器官を持っている」か否かで区別される．
　同じ分析は枝分かれ図でも表すことができる．

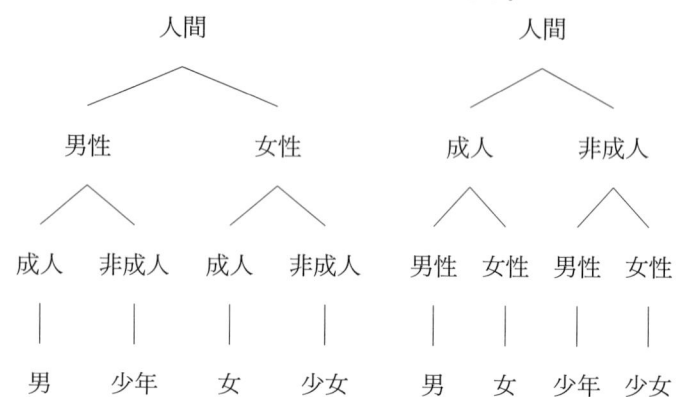

```
           人間                           人間
         ／　　＼                       ／　　＼
       男性    女性                   成人    非成人
      ／＼    ／＼                   ／＼     ／＼
    成人 非成人 成人 非成人         男性 女性 男性 女性
     │   │    │    │              │   │   │   │
     男  少年   女   少女            男   女  少年 少女
```

　なお，「男性」／「女性」という特徴的な成分の対と，「成人」／「非成人」という特徴的な成分の対のどちらを先に適用するかは，どちらの方が分類に便利かによって決めればよい．上の場合は，どちらを先に適用しても手数はおなじだから，ここでは適用の順序に優劣はないことになる．
　上で見たような単語の意味を作っている成分，つまり**意味成分 Bedeutungskomponente** のことを**意味素性 semantisches Merkmal**，あるいは**意義素性 Sem** という術語で呼ぶ．そして，単語の意味を，上の例のように意味素性ないし意義素性を手がかりにして分析することを**成分分析 Komponentenanalyse** と呼ぶ．

設問43　Auto「自動車」（ただし，ここでは一般の乗用車のみを指す．レーシングカーなどは含めない）と Moped「バイク」（大型オートバイ Motorrad ではない）と Fahrrad「自転車」（ただし，ここでは一般の家庭用自転車のみを指す．レーシング用の自転車やタンデム式の自転車などは含めない）の違いを枝分かれ図を使った構成素分析によって示せ．意味素性の適用順序をできるだけ効率よくなるよう考えること．なお，上位概念は Fahrzeug「乗り物」としておくが，この場合はあくまでも個人が私的な生活に利用する乗り物に限る．

第5章　意　味　論

設問44　Haustier「家畜」は，*Duden. Das große Wörterbuch der deutschen Sprache* では „nicht frei lebendes, an den Menschen gewohntes Tier, das oft aus wirtschaftlichen Gründen gehalten wird" と定義される．この定義を参考に，Haustier を枝分かれ図を使って構成素分析で分類せよ．実例は各自で適当な名前を挙げよ．なお，爬虫類などがペットとして飼われていても「家畜」に含めないことにする．また，分類した項目にあてはまる実例がない場合もありうる．

Ⅵ．類義語の意味の区別

　意味の違いというものは，Mann / Frau / Junge / Mädchen のようにたがいに外延的意味が異なる単語のあいだにばかりあるものではない．外延的意味が同じであっても，我々が「意味が違う」と言う場合がある．「意味が違う」証拠に，その場合，「意味が違う」単語どうし互いには入れ換えることができない．

　例えば，「喰う」と「食べる」は，外延的意味はどちらも「食物を口を通して摂取する」であって，同じである．けれども，「私の祖母は朝はお粥を食べる」の「食べる」を「喰う」で置き換えることはできない．つまり，「喰う」と「食べる」は「意味が違う」．

　この場合の「意味の違い」を考えるには，「私の祖母は朝はお粥を食べる」の「食べる」を「喰う」で置き換えることはできない理由を考えればよい．

　理由は二つある．一つは，「食べる」ならびに「喰う」のそれぞれの文体的意味が異なることである．「食べる」は取り立てて上品とは言えないとはいえ，少なくとも粗野ではない．それは「食べる」の意味素性の一つが「－粗野」であるのに対して，「喰う」の意味素性の一つが「＋粗野」だからである．

　もう一つの理由は，「食べる」の前後をとり囲んでいる言語的環境，つまり文脈にある．「私の祖母は朝はお粥を……」という文脈は取り立てて上品ではないけれども，「粗野」であるとは言えない．つまり，この文脈全体の意味的な特徴は「－粗野」である．「－粗野」な意味的特徴を持つ文脈には「－粗野」な意味素性を持つ「食べる」がふさわしく，「＋粗野」の意味素性を持つ「喰う」をはめ込むことはできない．このことは，本章のⅠ．「『意味』の意味」で連語的意味を説明したときに一度触れた．

　「私の祖母は朝はお粥を食べる」と言う代わりに，「私の祖母は朝はお粥を

頂く」と言えばどうなるか。「頂く」の意味素性の一つは「＋上品」であり，さらに別の意味素性は「＋謙譲」である。「＋上品」という意味素性は「－粗野」な文脈に適合しないとは言えないうえに，身内の行為をへりくだって述べることは日本語の敬語のルールに適っている。したがって，この文は日本語のネイテイブには**容認可能 akzeptabel** である．

　それでは，「私の祖母は朝はお粥を食べる」と言う代わりに，「私の祖母は朝はお粥を召し上がる」と言えばどうなるか。「召し上がる」の意味素性の一つは「＋上品」であるが，そのほかに「召し上がる」は「＋尊敬」という意味素性をも合わせ持っている．ところが，文脈は身内の行為を内容としているため，文脈が要求している意味的特徴は「－尊敬」である．意味的特徴が「－尊敬」であることを要求している文脈に「＋尊敬」の意味素性を持っている「召し上がる」を持ち込むことはできない．したがって，この文は容認可能ではない．

　つまり，文脈の意味的特徴と単語の意味素性が合致しないときは，単語と文脈が整合しない．

　日本語の敬語は，社会における人間どうしの関係が言語表現に反映される場合に，文脈の意味的特徴と単語の意味素性のあいだの不整合が起こらないように決めたルールのことである．日本語の敬語は三種に分けられる．すなわち，話題の人自身およびその人の物や行為に対する尊敬を表す「尊敬語」，他人に対して自分および自分の物や行為を謙譲する意味を表す「謙譲語」，相手に対して話し手・書き手が敬意を抱いていることを表す「丁寧語」．

　以上の考察から，「食物を口を通して摂取する行為」を上位概念とし，「喰う」，「食べる」，「頂く」，「召し上がる」の四語をその下位概念とすると，下位概念どうしの意味の相違は，それぞれの単語の意味素性を使って右ページのように枝分かれ図で示すことができる．とりたてて上品でもなく，またとりたてて下品でもない表現を「＋中立的」として表し，中立的であるよりは上品であるか下品であるかのどちらかであることを「－中立的」で表す．

第 5 章　意　味　論

```
[食物を口を通して摂取する行為]
        ┌──────┴──────┐
      ＋中立的        －中立的
                  ┌──────┴──────┐
                ＋粗野          －粗野
                          ┌──────┴──────┐
                      ＋話者自身      －話者自身
                      について        について
                                  ┌──────┴──────┐
                                相手に        第三者に
                                ついて        ついて

  食べる     喰う       頂く        召し上がる    召し上がる
                     （謙譲語）    （丁寧語）    （尊敬語）
```

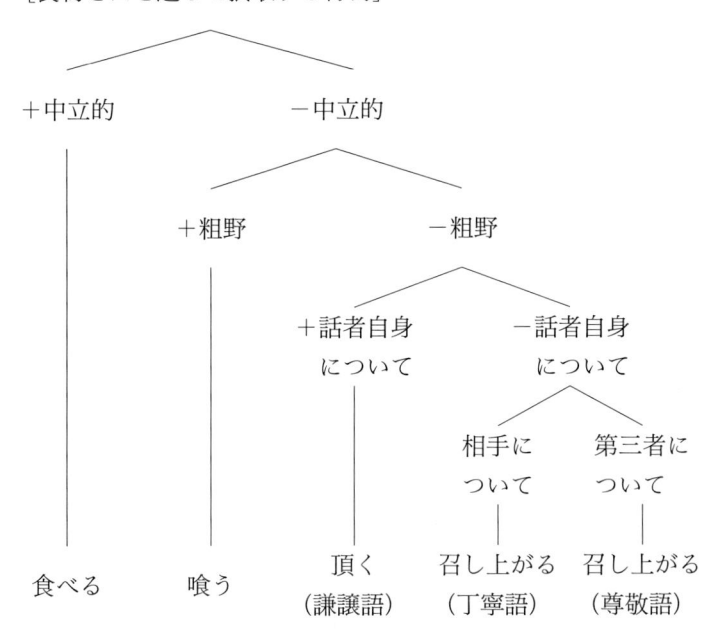

設問45　X hat zwei Kinder, eine Tochter und einen Sohn. の X をそれぞれ自分，相手，第三者に見立てて，日本語で言ってみよ．

　意味素性を立てるとき，辞典の定義や説明や用例を手がかりにするとよい．単語の意味の本質に関係のある客観的な意味素性を見つけることができる．辞典の定義や説明や用例を参照しなかったら，主観的な区分に陥ってしまう．

設問46　独独辞典を使って次の一対の単語を意味素性で区別せよ．
　　　a．trinken ― saufen
　　　b．Katze ― Kater
　　　c．traurig ― wehmütig

Ⅶ．プロトタイプ意味論

　成分分析の考え方によれば，単語の意味は意味素性あるいは意義素性の集合である．したがって，定義するのに必要な意味素性あるいは意義素性をすべて揃って備えている個体は一律に同一の概念のもとにまとめられる．けれども，日常的な経験では，同じ概念のもとにまとめられる個体であっても，その概念にとって典型的だと感じられる個体もあれば，周辺的だと感じられる個体も存在する．そして，どれが典型的でどれが典型的でないかを決定するのは，**外形 Gestalt/Bild** と**場面 Szenarios** である．このような考えのもとに主張されているのが**プロトタイプ意味論 Prototypsemantik** である．

　単語の意味には中核となる領域と周辺的な領域があり，もともと曖昧なのだという考えは L. Wittgenstein に由来する．また，心理学の領域でも E. Bosch がプロトタイプの考え方を主張した．言語学の領域に持ち込んだのは J. Aitchison である．

　プロトタイプ意味論の考え方の特徴は，曖昧さこそ単語の意味の本質であると考えるところにあり，正確さと客観性を目指す成分分析の考え方とは対照的である．プロトタイプ意味論の将来は，説得力のあるプロトタイプの機能モデルを提示することができるかどうかに掛かっている．

Ⅷ．辞書の編集

　我々が平素使っている独和辞典は，見出しのドイツ語の単語をアルファベット順に配列し，それぞれの見出し語の意味と使い方を用例とともに日本語で説明した書物である．今日では紙に印刷して綴じた形ばかりでなく，電子を利用した辞書も見受けられる．なお，外国語を説明するのに用いる言語を**メタ言語 Metasprache** という．独和辞典では日本語がメタ言語である．一口に，見出しのドイツ語の単語をアルファベット順に配列すると言っても，どの辞書も，見出し語をたんに一律に並べているとは限らない．**辞書学／辞書編集論 Lexikographie** の第一歩は見出し語の配列に悩むことから始まる．

　そのことを具体的に知るために，小さな例を挙げよう．きわめてありふれた単語の一つである Jahr「年」から始めることにして，次に jahraus「〜, jahrein 毎年毎年」を採録したとする．ここで編集者は選択の岐路に立たされる．すなわち，jahraus が Jahr と aus を合わせて作られた合成語であることを度外視して，続けて Jahrbuch「年鑑」，Jährchen「Jahr の縮小形」，jahrein

第5章 意 味 論

「→ jahraus」, jahrelang「長年の」, jähren (sich⁴ jähren ［ある事が起こって］1年になる」を一律に見出しとして並べてゆく[A]のも一つの可能性であるし, jahraus が合成語であることに着目して, jahraus の見出しの下に, Jahr-/jahr- で始まる合成語あるいは派生語 Jahr-buch, Jähr-chen, jahr-ein「→ jahraus」, jahr-e-lang, jähr-en という5個の単語を組み込んでしまうやり方[B]である。もっとも, jähren は幹母音が変音しているので別の見出しにすることも考えられる [C]。

[A]	[B]	[C]
Jahr	Jahr	Jahr
jahraus	jahraus	jahraus
Jahrbuch	Jahrbuch	Jahrbuch
Jährchen	Jährchen	Jährchen
jahrein	jahrein	jahrein
jahrelang	jahrelang	jahrelang
jähren	jähren	jähren

これらの語群に続けて Jahresabonement を採録するときにも配列上の問題が生じる。jahraus の場合とおなじく合成語であることを度外視して一律に見出し語にしてゆくやり方 [A] なら問題はないが, Jahres- で始まる一群の合成語を Jahres-zeit で締めくくる [B] か, それとも Jahres-zahl で締めくくって, Jahreszeit は次の新しい見出し語にする [C] かどうかが分かれ道である。すなわち [B] の解決策を採れば, Jahres- で始まる一群の合成語は Jahresabonement の下にきれいに収まるかわりに, Jahreszeit という合成名詞からの派生語 jahreszeitlich を新しい見出しとして立てなければならなくなるし, [C] の方式を採用すると, Jahreszeit が Jahres- で始まる一群の合成語のなかに納まらない代わりに, jahreszeitlich は見出し語 Jahreszeit の下に納めることができる。

[A]	[B]	[C]
Jahresabonement	Jahresabonement	Jahresabonement
…	…	…
Jahreszahl	Jahreszahl	Jahreszahl
Jahreszeit	Jahreszeit	Jahreszeit
jahreszeitlich	jahreszeitlich	jahreszeitlich

IX．Duden の12巻の辞書

　一口に辞書と言っても，辞書には，目的に応じて，さまざまな種類がある．そのことを体験的に具体的に知る試みとして，Duden の12巻の辞書のそれぞれを実際に手にとってみて，特定の事柄を調べてみるのがよい．それぞれの巻について簡単に解説しよう．自分で利用するときは，各巻のはじめにある利用の手引きに目をとおすようにしよう．

　Band 1： *Die Rechtschreibung* （正書法辞典）
　新正書法についての解説はすでにいろいろなところで読者の目に触れているであろうし，独和辞典も新正書法に対応して編集されているから，読者は新正書法にかなりなじんでいると思われる．それにもかかわらず単語の正しい綴り方を知りたいとき，あるいは，分綴に迷ったとき，あるいはまた，頭文字を大文字にするべきか小文字にするべきかに迷ったときなどは，Duden の辞書の第1巻 *Die Rechtschreibung* は最も信頼の置ける書物である．

Band 2： *Das Stilwörterbuch* （文体辞典）
　和独辞典で例えば，「とうとう」を引くと，これに相応するドイツ語として *endlich* と *schließlich* が並べて挙げられている．それでは *endlich* と *schließlich* は類義語であって互換が可能であるかというと，けっしてそうではない．そのようなとき，*Das Stilwörterbuch* でそれぞれの単語を引いてみよう．

設問47　*Das Stilwörterbuch* の記述を根拠にして *endlich* と *schließlich* のニュアンスならびに使い分けを述べよ．

Band 3： *Das Bildwörterbuch* （図解辞典）
　図解辞典の性格上，収録されている単語は名詞に限られる．それも，イラストに描き表すことができる具体名詞に限られる．
　名前だけが分かっていて，どんな物かが分からない場合は，巻末の索引を利用すればよい．問題の名詞が出ているページと番号からイラストを見ることができる．
　どんな物か分かっているけれども名前が分からない場合は，索引で問題の

第5章 意　味　論

物が使われると思われる場面を調べ，場面のイラストのなかで問題の物を探せばよい．

設問48　*Das Bildwörterbuch* を使って下の問いに答えよ．
　　a．Register「音栓」とはどんなものか．
　　b．映画やテレビの撮影現場で「かちんこ」と呼んでいる道具はドイツ語ではどう呼ぶのだろうか．

Band 4：*Die Grammatik*（文法）
　これは辞書というよりも包括的な文法書である．しかし，巻末にかなり詳しい索引があるから，これを上手に利用すれば，辞書的に使えないことはない．
　発音からはじまって，形態論，統語論は無論のこと，造語法のほかドイツ語の語彙についての解説まで含んでいる．詳細な文献表も付いているので，文法に関して特定のテーマについて調べる場合に便利である．

Band 5：*Das Fremdwörterbuch*（外来語辞典）
　独和辞典もいわゆる外来語を多く収録しているから，われわれとしてはとくにこの辞書にお世話にならなくてすむ．独和辞典で見つからないときにはじめて本書を引けばよい．ただ，意味は説明してくれるけれども訳語を与えてくれるわけではないから，その点は困る．術語の場合など，専門的な術語辞典を探さなければならない場合も起こってくる．

設問49　*Das Fremdwörterbuch* を使って下の単語の意味を調べよ．
　　a．Azotämie とは何か．
　　b．olfaktorisch とはどういう意味か．

Band 6：*Das Aussprachewörterbuch*（発音辞典）
　人名や地名その他の固有名詞の発音をもっぱら集めた辞典という訳ではない．ドイツ語を母語とする人にとって発音上問題になるような，あるいは特別な注意が必要とすると考えられる単語を多く収録している．しかし，これらの問題や注意は独和辞典を見れば分かる．われわれにとって便利なのは，

やはり，数多くおさめられた人名や地名その他の固有名詞の発音である．

設問50　München のコメディアンであった Karl Valentin の姓の読み方を調べよ．

Band 7：*Das Herkunftswörterbuch*（語源辞典）
　文化史的な視点から単語の歴史を調べようとするとき便利がよい．ジャガイモを英語では potato と言うのにドイツ語ではなぜ Kartoffel なのかというような疑問を調べるには，この辞書はうってつけである．

設問51　今日では日本でも珍しくなくなった Kiosk の語源を調べてみよ．

Band 8：*Die sinn- und sachverwandten Wörter*（類義語辞典）
　作文で同じ単語を近い箇所でかさねて使いたくない場合など，この辞書で言い換えに使えそうな類義語を探す．婉曲に言い表したい場合などにも役立つ．

設問52　sorgen を引いて類義語を書き出し，それぞれに意味を比べてみよ．

Band 9：*Richtiges und gutes Deutsch*（用法辞典）
　例えば abraten の目的語の zu 不定詞句あるいは副文に nicht が必要かどうか，といった疑問を „abraten" という小項目でも，„Negation" という大項目でも扱っていて，しかも項目は大小に関係なく一律にアルファベット順に配列している．

設問53　„Baum" ist der Singular zu „Bäume." が正しいか „Baum" ist der Singular zu „Bäumen." が正しいか調べてみよ．

Band 10：*Das Bedeutungswörterbuch*（独独辞典）
　独和辞典では Erfahrung も「経験」，Erlebnis も「経験」と訳されていて，違いがよく分からない．そこで独和辞典の編者は例文で違いを分からせようと配慮しているが，独独辞典の言い換え的な説明にまさるものはない．

第5章　意　味　論

設問54　Erfahrung と Erlebnis の違いを *Das Bedeutungswörterbuch* の説明を基に解説せよ．

Band 11：*Redewendungen und sprichwörtliche Redensarten*（慣用句辞典）
　einen Bock schießen の意味は独和辞典で知ることができる．けれども，山羊を撃つことがどうしてへまをすることなのかは分からない．そこで，この辞書で Bock を引くと，慣用句が射撃クラブでいちばん得点が悪かった射手を慰めるために山羊を与えるという昔からの習慣に由来することが明らかになる．

設問55　den Nagel auf den Kopf treffen がどうして「うまく言い当てる／図星を指す」の意味になるのかを調べよ．

Band 12：*Zitaten und Ausspruche*（引用句・箴言辞典）
　よく引用される誰かのことばや箴言や警句を集めてある．第1部は見出し語のアルファベット順の配列だから，引用句を探して調べるのに役立つ．第2部はテーマ別に集めてあるので，テーマから自分が使いたい引用句を探すのに利用できる．

設問56　*Zitaten und Ausspruche* を使って次の問に答えよ．
　a．Goethe のことばとして有名な „Mehr Licht!" の解説の内容を紹介せよ．
　b．Leben についていちばん自分の気に入った箴言あるいは警句を選べ．

第6章 テクスト言語学

Ⅰ．テクスト

　単語を使って文が作られ，文が寄り集まって文章となる．だから，文と文章とは別物であって，この二つの用語は区別して使わなければならない．文はドイツ語では Satz，文章はドイツ語では Text という．

　しかも，今日，Text というときは書き言葉の文章ばかりでなくて，話し言葉の「文章」も指す．つまり，一人の人間が話した言葉も，二人の対話や二人以上の人間のあいだで行われた談話も Text と呼ばれる．以下で「テクスト」と言うときは，この Text の意味である．いくつか実例を挙げよう．

　（テクストの実例－その1）
　特定のテーマについて書かれ文章全体は一つのテクストである．特定のテーマが文章の題として冒頭に掲げられることもある．

　　Harpune
　　Harpunen werden für den Fischfang gebraucht. Eine lange Leine verbindet diesen Wurfspieß mit dem Werfer. Auf der Jagd nach Walen benutzt man heute Harpunen, die mit einer Kanone abgeschossen werden. An der Spitze von so einer Harpune kann eine Sprengladung angebracht sein. Sie explodiert, wenn die Harpune trifft.
　　（銛．銛は漁労に使われる．長いロープがこの投げ槍と投げ手を結んでいる．鯨を獲るのに，今日では大砲で打ち出される銛が使われる．この種の銛の尖端には爆薬を着装することができる．爆薬は，銛が命中すると爆発を起こす．）(MKL)

（テクストの実例－その2）
　ある人の発話全体がテクストである例を引こう．下の例では銀行員のせりふ全体が一つのテクストである．

　　Birgit hat manchmal Geld in ihre Sparbüchse gesteckt. Jetzt geht sie mit ihrer Mutter zur Bank. Der Angestellte schließt die Sparbüchse auf. „Achtzehn Mark hast du gespart", sagt er. „Wenn du das Geld

第6章 テクスト言語学

bei uns läßt, wird diese Summe in deinem Sparbuch eingetragen. Holst du das Geld später ab, bekommst du deine achtzehn Mark und noch etwas dazu. Das sind die Zinsen. Sie sollen eine Art Belohnung dafür sein, dass du uns dein Geld bringst." (Birgit はときどきお金を貯金箱へ入れていた。いまから Birgit はお母さんといっしょに銀行へ行く。銀行の係りの男の人は貯金箱を開けて、こう言う。「18マルク貯まっているよ。このお金を銀行に預けておいてくれると、18マルクをあなたの通帳へ記入するからね。先になってお金を引き出すと、18マルクとそれから別に少し返してもらえるんだ。これは利子だけど、あなたがお金をこの銀行へ持ってきてくれた御褒美みたいなものだね」。) (MKL)

ここで読者は奇妙なことに気づくであろう。それは、銀行員のせりふ全体が一つのテクストであるし、せりふを含む文章全体もまたテクストであることである。つまり、テクストもまたヒエラルヒーの構造を持っている。

　（テクストの実例－その3）
　こんどは、二人のパートナーが対話している例を観察しよう。
　　Gast：　Guten Tag. Mein Name ist Müller. Ich habe ein Zimmer reserviert.
　　Portier：Sind Sie Herr Hermann Müller aus Hannover?
　　Gast：　Nein, ich bin aus Hamburg. Ich heiße Klaus Müller.
　　Portier：Sie haben Nummer elf, Herr Müller. Bitte, hier ist der Schlüssel.

これはホテルの受付カウンターで行われた客と受付係との対話である。客がホテルの玄関から入ってきて、「こんにちは、部屋を予約しておいた Müller ですが」と言うと、受付係が「ハノーバーの Hermann Müller さまでいらっしゃいますか」と尋ねる。客は「いや、違う。ハンブルクの Müller だ。名前は Klaus Müller」と訂正する。受付係は、「Müller さま、ルーム・ナンバー11でございます。キーをどうぞ」と答えて客に部屋の鍵を渡す。客はカウンターを立ち去る。

ここでもテクストのヒエラルヒーの構造が見て取れる。客の発言と受付係の発言の一回分がそれぞれ一つのテクストである。と同時に、客の「こんにちは」から始まって受付係の「キーをどうぞ」に終わる全体もまた一つのテクストである。

－73－

II．テクスト言語学

　70年代まではドイツ語の研究は文のレベルまでに止まっていた．研究者の関心は，例えば，どちらも主語と述語と前置詞句から成る Die Rosen blühen im Garten. という文と München liegt an der Isar. という文を同じ構文であると考えてよいかどうか，という問題や，石炭が車に積まれるという事実をIch belade den Wagen mit Kohle. と表すのと Ich lade Kohle auf den Wagen. と表すのとではどこが違うか，というような問題を扱ってきた．そして，文章のレベルは視野に入れていなかった．

　70年代になると，文章にもスポットライトが当てられ，研究の対象になりはじめた．また，書き言葉だけでなく話し言葉にも関心が向けられたため，文章という呼び方が不適当になり，「テクスト」が用いられ始めた．なお，言うまでもないことだが，「文」のレベルでのドイツ語の研究は今日も盛んである．

　言語を文のレベルで研究するのと，テクストのレベルで研究するのとでは目のつけどころが違う．したがって，問題の性質もまったく違う．とくに，テクストのレベルではテクストを発する人物，つまり話し手か書き手（以下では，まとめて**送り手 Sender** と呼ぶ）ならびにテクストを受け取る人物，つまり聞き手か読み手（以下では，まとめて**受け手 Empfänger** と呼ぶ），が必然的に視野に入ってくるので，上の例のような言語体系に内在する問題ではなくて，言語体系に外在する問題がクローズアップされるのである．

　文よりもさらに大きい言語単位であるテクストを現代言語学のいろいろな概念の助けを借りて科学的に分析・研究しようとするすべての学問領域を総称して**テクスト言語学 Textlinguistik** と呼ぶ．

III．結束構造と結束性

　テクスト言語学がまず問題にするのは，テクストと文の単なる羅列の区別である．

　文の単なる羅列の例．

　　Am Bahnhof sehen Heike und Hannes viele Ausländer．Pflanzen wachsen auf dem Lande und im Wasser．Mutter kauft Pflaumen．Man unterscheidet Fixsterne und Planeten．In Europa gibt es eine giftige Schlangenart．Durch die Wüste zieht eine Karawane．（駅で

第6章 テクスト言語学

Heike と Hannes は多くの外国人を見る．植物は陸地にも水中にも育つ．母はスモモを買う．われわれは恒星と惑星を区別する．ヨーロッパに毒を持った蛇の種類がある．砂漠を隊商が通っていく．)

　われわれは直感でこれを単に文が羅列されているだけにすぎないと見抜き，テクストであるとは見なさないが，学問としてのテクスト言語学は，文の単なる羅列とテクストとを客観的に区別する基準を示さなければならない．そこで，テクストに含まれる文（対話の場合なら文と言わないで**発話 Äußerung** と言ったほうがより正確である）が言葉の上でどのように互いに結びつけられているかを実証しようとする．

　下の実例を使ってテクストに含まれる文の互いの結びつきを示そう．説明のため，それぞれの文に番号をつけてある．

　① Am Dienstagnachmittag kommt Herr Brandt früh aus dem Büro. ② Im Flur ruft er: „Hallo, können wir heute früh essen? Ich habe einen Bärenhunger!"　③ Niemand antwortet.　④ Er geht ins Wohnzimmer.　⑤ Es ist niemand da.　⑥ Er geht in die Küche.　⑦ Da ist auch niemand.　⑧ Aber da liegt ein Zettel. ….（①火曜日の午後，Brand 氏は事務所から早く帰ってくる．②玄関から彼は大声で言う．「おおい，今日ははやく飯にできるかい．腹ぺこなんだ」．③返事がない．④彼は居間へ入っていく．⑤そこには誰もいない．⑥彼はキッチンへ入っていく．⑦ここにも誰もいない．⑧しかし，紙切れが一枚置いてある．……)

まず①と②の結びつきから．

① Am Dienstagnachmittag kommt <u>Herr Brandt</u> früh aus dem Büro.

② Im Flur ruft <u>er</u>: „Hallo, können wir heute früh essen? Ich habe einen Bärenhunger!"

②の er が①の Herr Brandt を指していることは文意の流れから確認できる．そこで，この例で文と文を結びつけているのは固有名詞を人称代名詞で指すという文法的な手段であると言うことができる．これを**代用形 Pro-Form** による**指示 Referenz** という．なお，②には Brandt 氏の発話が含まれていて，テクストにヒエラルヒーが見られる．ちなみに，代用形がテクスト

に既に出てきた表現を指示することを**前方照応 Anapher** という。また逆に、代用形が先行して後続のテキストの中の表現を指す場合は**後方照応 Katapher** と呼ばれる。

② Im Flur ruft er :,, Hallo, können wir heute früh essen？ Ich habe einen Bärenhunger！" と③ Niemand antwortet. を結びつけているのは文法的な手段ではない。ここでは、Brandt 氏の発した質問に対して返事する者がないという事態から、質問があれば普通、返事があるという意味的ないし事実的な関係が②と③を結びつけていることが分かる。

同じように、③ Niemand antwortet. と④ Er geht ins Wohnzimmer. を結びつけているのも文法的な手段ではなくて、返事がないために Brandt 氏はそのまま居間へ着替えに入って行くという因果的な論理関係である。

④と⑤は、ふたたび文法的な手段によって結びつけられている。すなわち、da という代用形が Wohnzimmer という場所を指している。

④ Er geht ins <u>Wohnzimmer</u>.

⑤ Es ist niemand <u>da</u>.

⑤と⑥ Er geht in die Küche を結びつけているのもまた因果的な論理関係である。居間に誰も見あたらないので、Brandt 氏は家族の姿を求めてキッチンへと入って行く。

⑥ Er geht in die <u>Küche</u>. と⑦ <u>Da</u> ist auch niemand. は、④と⑤の場合と同じく、da という代用形が Küche という場所を指すことで結びつきが作り出されている。

⑦ Da ist auch niemand. と⑧ <u>Aber</u> da liegt ein Zettel. を結びつけているのは、接続詞 aber であるが、この接続詞はキッチンに誰もいないが、人の代わりにメモが待っているという逆説的な論理関係によって結びつきを作り出している。

文法的な手段によって作り出されている文と文の顕示的な結びつきをテクストの**結束構造 Kohäsion** といい、論理的・意味的ないし事実的な手段によって作り出されている文と文の潜在的な結びつきをテクストの**結束性 Kohärenz** という。

したがって、結束性や結束構造を有することがテクストであることの条件

であると言うことができる．

設問57　下のテクストに見られる結束構造は次の四つの手段のどれによるものかを図示せよ．a)同じ単語の繰り返し．b)同じではないが意味が近い単語を使った言い換え．c)名詞の代名詞による置き換え．d)本来は繰り返すべき単語の省略．
　①Großvater benutzt einen Gasherd. ②Wenn er das Gas andreht, strömt eine kleine Menge aus dem Brenner. ③Er zündet das Gas an und kocht das Essen auf den Flammen. ④Das Gas kommt durch eine Leitung vom Gaswerk in die Wohnung. ⑤Man braucht es auch für Heizungen. ⑥Mit diesem brennbaren Gas muß man besonders vorsichtig sein.

設問58　下のテクストはレストランでMeyer夫妻がメニューを見ながら交わしている対話のテクストである．ここに見出される結束構造ならびに結束性をすべて指摘せよ．
　①Herr Meyer: Heute ist Dienstag, nicht?
　②Frau Meyer: Ja.
　③Herr Meyer: Dann gibt's Kalbsbeuschel.
　④Frau Meyer: Was ist denn das?
　⑤Herr Meyer: Keine Ahnung. Da müssen wir den Ober fragen.

Ⅳ．テーマ・レーマ分節

　一つのセンテンスが伝える情報は，内容的に見ると二つの部分に分けられる．すなわち，センテンスが伝える情報には，
　　①誰でもよく知っているか，
　　②前後関係から自然と分かるか，
　　③場面から自然と分かる
存在ないしは事態を述べた部分がある．この部分を**テーマ Thema**という．センテンスの残りの部分はこのテーマについての送り手のコメントである．このコメントの部分を**レーマ Rhema**という．だから，一つのセンテンスはテーマの部分とレーマの部分に分けられる．

いくつか実例を示そう。直線の下線はテーマ部分を意味し，波線の下線はレーマ部分を意味する。

<u>Am Sonntagabend</u> treffen sich Claudia und Peter in der Diskothek.（日曜日の夜は，Claudia と Peter はデイスコで出逢う。）

「日曜日の夜」は誰でも分かる。したがってこの文のテーマである。「日曜日の夜」に何が起こるか，それは誰にも分からない。送り手のコメントによると，Claudia と Peter がデートをするのである。このように，テーマは文法でいう主語のことではない。テーマと文の主語が一致することはあっても，それは偶然である。

<u>Es war einmal</u> im alten Griechenland ein Held.（むかし，古代のギリシアに一人の英雄がいた）

「むかし」を定義することはむつかしい。今から見てずっと以前の時代とでも言うほかないが，それにもかかわらず，「むかし」は誰にでも分かる。それゆえ，この文のテーマは einmal である。この例で見て取られるように，テーマがいつも文頭にあるとは限らない。

日本語の例も観察しよう。

<u>何人も</u>，自己に不利益な供述を強要されない。

日本語のネイテイブに「何人も」を説明する必要はないだろう。誰でもよく知っている概念である。しかも，日本語のネイテイブであれば，コメントに否定ないし「〜ねばならない」が来ることまで予想するだろう。

<u>Vater</u> steuert das Auto in eine Straße.（父はある通りへ自動車を乗り入れる）

Vater と呼ばれる人物が何という名前であるのか，それは誰にもわからない。けれども，der Vater ではなくて Vater と書いてあることから，家族の構成員から Vater と呼ばれる人物について家族の構成員が何かを述べようとしているという場面が容易に想像される。これは場面からテーマが何であるかが自然と分かる例である。

下の例ではテーマが欠けているように見える。しかし，実はそうではない。

大金を使った映画を見せられて，もうたまんなかったね。

波線部の言葉づかいから，テーマは省略された主語「俺」であるとただちに分かる。日本語では前後関係から主語が何であるかが分かる場合は，主語を省くのがふつうである。わざわざ，「俺は，大金を使った映画を見せられて，

もうたまんなかったね」とは言わない．これは，前後関係からテーマが何であるかが分かるため省略した例である．また，文の主語とテーマが偶然一致した例でもある．

一つの文をテーマの部分とレーマの部分に分けることを**テーマ・レーマ分節 Thema-Rhema-Gliederung** という．

Ⅴ．テーマ展開

テーマ・レーマ分節は一つの文を対象に行われる，文レベルに終始する分析である．それでは，文が連なっている場合，先行する文のテーマとレーマはその後に続く文ではどのように受け継がれていくのだろうか．

例えば，メルヘンはふつう次のような文で始まる．

<u>Es war einmal</u> ein König.（むかし王様がいました）

einmal「むかし」は誰でも知っている事態であって，この文のテーマである．テーマである einmal について送り手がつけたコメントが，es war ein König「王様がいました」である．つまり，es war ein König「王様がいました」がこの文のレーマである．

上の文のあとに次のようなセンテンスが続いているとする．

<u>Der König</u> hatte einen großen Wald.（王様は大きな森を持っていました）

König は先行する文ですでに紹介されたから，いまや受け手にとって「誰でもよく知っている」存在である．そのため，こんどは König がこの文のテーマとなる．このことは，先行する文では König に不定冠詞が冠せられていたのに対して後行するこの文では繰り返された同じ名詞 König に定冠詞が冠せられているのと関わりがある．不定冠詞はテクストのなかで初めて紹介される概念に冠せられ，定冠詞は既にテクストに導入され紹介された概念に冠せられる．

そして，この新しいテーマ König についての送り手のコメントは，hatte einen großen Wald「大きな森を持っていました」である．すなわち，hatte einen großen Wald が新しいテーマ König に対する新しいレーマである．

先行する文のテーマ・レーマと続行するテーマ・レーマとの関係を図で示すと下のようである．テーマを T で表し，レーマを R で表す．先行する文のレーマが続行する文のテーマとなった（$R_1 \rightarrow T_2$）．続行する文のテーマ（T_2）

には新しいレーマ（R_2）が対応する．このように，テーマとレーマには順にナンバーをつけ，新しくなるたびに改めてゆく．

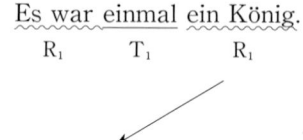

   Es war einmal ein König.
    R_1 T_1 R_1

   Der König hatte einen großen Wald.
    T_2 R_2

この後にさらに Darin lief Wild aller Art herum.（そこをあらゆる獣が走り回っていました）という文が続いていたとしよう．Darin＝in dem Wald であるから，こんどは darin が聞き手にとって「誰でもよく知っている」存在となる．つまり，darin がこの文のテーマである．そして，残る部分の lief Wild aller Art herum「あらゆる獣が走り回っていました」が新しいテーマに対するレーマとなる．そこで，テーマとレーマは下のように続く．

   Der König hatte einen großen Wald.
    T_2 R_2

   Darin lief Wild aller Art herum.
    T_3 R_3

ここでも先行する文のレーマが続行する文のテーマとなった（$R_2 \rightarrow T_3$）．ただし，厳密に言うと，先行する文のレーマ全体ではなくて，先行する文のレーマに含まれる einen großen Wald が続行する文のテーマとなった．

 この観察から分かるように，テクストのなかでは文から文へテーマが受け継がれることによって内容がつながっていっている．これをテクストにおける**テーマ展開 thematische Progression** という．

 テーマ展開を明示した図式を観察すると，先行する文から後行する文へテーマがどのように受け継がれていくか，そしてそのことを通して情報がテクストのなかをどのように伝達されていくかを知ることができる．つまり，文のレベルにおける分析手法であったテーマ・レーマ分節はテクストのレベルにおける分析に応用することができる訳である．テーマ・レーマ分節をテクストのレベルにおける分析に応用することを考えたのが，**プラーク学派**

第6章 テクスト言語学

Prager Schule の F. Daneš という学者である．

設問59　次のテクストのテーマ展開を，上にならって図示せよ．
　　Am See steht ein Angler mit seiner biegsamen Angelrute. Die Kinder sehen ihm zu. Gerade bindet der Mann einen Haken an das Ende der Angelschnur. Ein Stück Brot wird auf den Haken gespießt. Das ist der Köder.

VI．テーマ展開の主要な型
　テーマ展開にタイプと呼べるものがあるだろうか．
　これは興味ぶかい問いである．もしテーマ展開にタイプあれば，いろいろなテクストのテーマ展開のタイプを調べて，テクストの内容とテーマ展開のタイプとのあいだに関連性を見つけだすような研究に発展させることができる．
　Es war einmal ein König. Der König hatte einen großen Wald. Darin lief Wild aller Art herum. というテクストでは，先行する文のレーマが例外なく次に続く文のテーマとなっていた．Daneš はこのタイプのテーマ展開を**単純直進型テーマ展開 einfache lineare Progression** と呼んだ（下図）．

　① Es war einmal ein König.
　　　　T_1　　　R_1
　　　　　　↓
　　② Der König hatte einen großen Wald.
　　　　　T_2　　　　　　R_2
　　　　　　　　↓
　　　　③ Darin lief Wild aller Art herum.
　　　　　　T_3　　　　　　R_3

$$\begin{array}{l} T_1 \rightarrow R_1 \\ \quad \downarrow \\ = T_2 \rightarrow R_2 \\ \quad\quad \downarrow \\ \quad = T_3 \rightarrow R_3 \end{array}$$

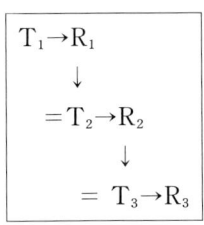

　Daneš は単純直進型テーマ展開以外にもテーマ展開のタイプを挙げている．その一つは**一貫型テーマ展開 Progression mit einem durchlaufenden Thema** である．このタイプのテーマ展開では，最初の文のテーマが後続のどの文においても一貫してテーマとなる．そして，レーマだけが変わっていく．実例を分析しよう．③と④

—81—

は情報の単位としてそれぞれ独立しているので，別々に扱わなければならない．

① Die Schweiz ist ein südlicher Nachbarstaat der Bundesrepublik Deutschland.（スイスはドイツ連邦共和国の南隣りの国である）

② Im Süden der Schweiz liegt Italien, ③ im Osten (der Schweiz) (liegt) Österreich und ④ im Westen (der Schweiz) (liegt) Frankreich.（スイスの南にはイタリアが，東にはオーストリアが，西にはフランスがある）

$$\begin{array}{l} T_1 \to R_1 \\ \downarrow \\ = T_1 \to R_2 \\ \downarrow \\ = (T_1) \to R_3 \\ \downarrow \\ = (T_1) \to R_4 \\ \downarrow \\ = T_1 \to R_5 \\ \downarrow \\ = T_1 \to R_6 \end{array}$$

⑤ Fast zwei Drittel der Schweiz gehören zu den Schweizer Alpen.（スイスのほとんど三分の二はスイス・アルプスである）

⑥ Der höchste Berg in diesem Land ist der Monte Rosa mit über 4500 Meter Höhe.(MKL)（この国でいちばん高い山は高さが4500メートルを越えるモンテ・ローザである）

一貫型テーマ展開とよく似ているが区別しなければならないのが**派生型テーマ展開 Progression mit von einem Hyperthema abgeleiteten Themen** である．ここではテキストに含まれる文のテーマはすべて**上位テーマ Hyperthema** から派生している．下のテクストは子供向け事典のアジアの項目の説明である．

Asien. ① Asien ist ungefähr viermal so groß wie der Erdteil Europa. ② China gehört zu den Ländern Asiens, ③ Indien (gehört zu den Ländern Asiens) und ④ Japan (gehört zu den Ländern Asiens). ⑤ Die Menschen Asiens haben verschiedene Hautfarben. ⑥ Tokio, die Hauptstadt Japans, und Peking, die Hauptstadt der Volksrepublik China, sind die bekanntesten der großen Städte. （①アジアはヨーロッパ大陸のおよそ四倍の大きさである．②中国はアジアの国々の一つだ．③インドも（そうだ）．④日本も（そうだ）．⑤アジアの人間はいろいろな肌の色をしている．⑥日本

第6章 テクスト言語学

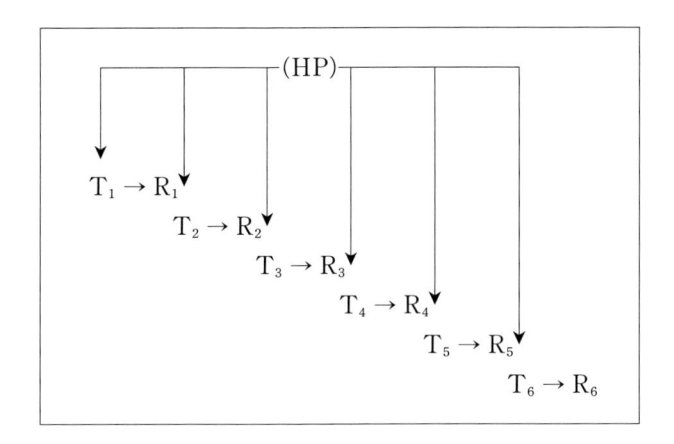

```
        (HP)
    ↓ ↓  ↓   ↓ ↓
    T₁ → R₁
       ↓
       T₂ → R₂
          ↓
          T₃ → R₃
             ↓
             T₄ → R₄
                ↓
                T₅ → R₅
                   ↓
                   T₆ → R₆
```

の首都東京と中華人民共和国の首都北京は大都市のなかでもいちばんよく知られた都市だ．）

　Daneš が挙げるまた別の型は，最初の文のレーマから，後続の文のテーマが二つ分かれて生まれる型である．これは**分割型テーマ展開 Progression eines gespalteten Themas** という名を与えられた．日本の昔話から実例を引こう．

①むかし，上七兵衛と下七兵衛というなかのよい友だちがあった．

②二人は相談して他国に手間賃をとりに出かけた．

③下七兵衛はよく働いてうんと金をためた．

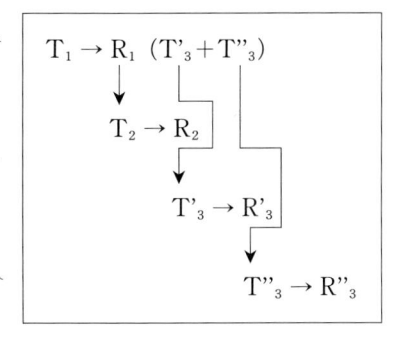

```
T₁ → R₁ (T'₃+T"₃)
 ↓
 T₂ → R₂
    ↓
    T'₃ → R'₃
       ↓
       T"₃ → R"₃
```

④けれども，上七兵衛はならず者の仲間に入って，悪いことばかりしていた．（関敬吾『一寸法師・さるかに合戦・浦島太郎』）

　①のテーマは「むかし」であるが，これに対するレーマに「上七兵衛」と「下七兵衛」が含まれている．この二つが，文③と④でそれぞれテーマとなる．そのことを表すために①のレーマのあとのカッコ内に $T'_3+T''_3$ と記してある．

Daneš が挙げている五つ目のタイプは**飛躍型テーマ展開 Progression mit einem thematischen Sprung** という．

① Die Familie besucht eine Flugschau． ② Gerade startet ein Hubschrauber． ③ Dieses kleine Flugzeug hat keine Tragflächen wie andere Flugzeuge． (①家族で航空ショウへ行く．②ちょうどヘリコプターが離陸するところである．③この小型の航空機には他の航空機のような主翼がない．)

文①から文②へのテーマ展開を Daneš はこう説明した．①のレーマに含まれる eine Flugschau「航空ショウ」には通例さまざまな種類の航空機が参加する．ヘリコプターも参加していておかしくない．それゆえ，文②のテーマは，文①のレーマのなかの eine Flugschau の意味に包含されている ein Hubschrauber である．

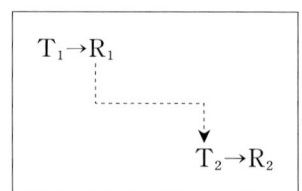

$T_1 \rightarrow R_1$

$\qquad T_2 \rightarrow R_2$

① Die Familie besucht eine Flugschau．

② Gerade startet ein Hubschrauber．

具体的なテクストでテーマ展開を調べてみると，截然とこれら五つのタイプのどれかに帰することができる場合はめったにないと言ってよい．現実のテーマ展開には五つのタイプが入り混じっている．五つのタイプをむしろ理念上のモデルと考えておくほうが無難であろう．

Ⅶ．テクストの理解とテクスト外の知識

A が居間で仕事をしていて，B は台所で炊事をしているとする．居間と台所のドアは開け放たれている．B が突然 A にむかって，„Ich mache mal eben rasch die Küchentür zu． Milch ist übergelaufen." と言ったとする．このテクストに含まれる第1の文と第2の文はどのような結束性を持っているのだろうか．

「ミルクがふきこぼれた」という発言と「台所のドアを閉める」という発言とのあいだに次のような論理の段階が省略されている．「ミルクがふきこぼれた」→ふきこぼれたミルクは当然焦げる→焦げたミルクはとんでもない悪臭を放つ→悪臭を居間にまで入れたくない．→だから「台所のドアを閉める」．

第6章 テクスト言語学

　居間で仕事をしている A が B の言葉を聞いて直ちに意味が分かったのは，第1の文と第2の文のあいだに省かれている論理の段階を自分で補うことができたからである．そして，A がそうすることができたのは，日常の経験から焦げたミルクはとんでもない悪臭を放つという知識を身につけていたからである．その知識がテクストの結束性を把握し理解することを助けたのであった．テクストの結束性を把握し理解することを助けるテクスト外の知識を**前提 Präsupposition** という．

　Der König von Frankreich hat eine Glatze. というテクストには，フランスには王がいることが前提となっている．少なくともこのテクストの**生産者 Produzent** はそのことを事実だと考えている．Robert hat es geschafft, Karten für das Michael-Jackson-Konzert zu bekommen. というテクストには，Robert が入場券を手に入れるのに骨を折ったという事実が前提となっている．少なくともこのテクストの生産者はその事実を認定していなければならない．それは schaffen が「やってのける」（『独和大辞典』）のように努力を前提としているからである．

　焦げたミルクに関する経験や知識は**習慣に結びついた前提 gebrauchsgebundene Präsupposition** と呼ばれ，他方，言語表現の形式に結びついていて，たいていは文のレベルで現れる前提を**言語記号に結びついた前提 zeichengebundene Präsupposition** という．

　われわれの日常的な知識の中には，例えば Krankenhaus のようにたった一つの見出し語のもとに包括される複合的な知識がある．つまりわれわれは Krankenhaus と聞けば，受付や待合室や薬局，看護婦や白衣の医者やバスローブをまとった患者たち，ナースステーションや消毒所やベットや車椅子や長い廊下など，病院にふつう備わっていてわれわれを待ち受けているもの一切を思い起こす．このような知識は**フレーム frame / Rahmen** と呼ばれる．

　他方，おなじ Krankenhaus に関する知識であっても，例えば，入院中の知人を見舞う場合の知識は別である．面会時間を前もって確かめること，病室を探し当てること，病室のある階までエレベータに乗ること，静かにふるまうこと，病人と同室者があればその人たちを妨げないように配慮すること，礼儀にかなったやり方で見舞いの言葉を述べること，見舞いに持参した花を誰か適当な人に生けてもらうこと，など．これらの知識は「見舞い」という一連の手続として組織立てられた，行為に関する知識であって，**スクリプト**

—85—

script / Szene と呼ばれる．

　前提もフレームもスクリプトも，テクストの外にある要因であるが，そこに含まれている知識は受け手がテクストに含まれている情報を解釈することを可能にすることによって，受け手のテクスト理解を支えているのである．

設問60　次のそれぞれ発話の前提は何か．
　　　　a．Wir holen einen Installateur.
　　　　b．Du solltest dich mal wieder kämmen.
　　　　c．Du bist vielleicht eine Nervensäge.
　　　　d．Können Sie nicht anklopfen?

設問61　Bahnhof というフレームをなるべく詳しく述べよ．

設問62　図書館で図書を閲覧するスクリプトを述べよ．

第7章 記　号　論

Ⅰ．イコン，インデックス，シンボル

　記号 **Zeichen** について研究する学問分野を**記号論 Zeichentheorie/ Semiotik** という．言語の要素の典型的な例としての単語は記号の一種である．しかし，われわれの社会には単語以外にも多くの記号が使われている．身近な例を挙げるなら，例えば交通標識 Verkehrszeichen, 商標 Markenzeichen, 絵文字 Piktogramm, いろいろな指標 Hinweisschild などはすべて記号である．

　これらの記号はふつう次の三種に分けられる．
　　①イコン
　　②インデックス
　　③シンボル

　イコン Ikon：対象を模倣する機能を持った記号をイコンという．同一の対象について同時に複数のイコンが存在しうる．例えば，彫像，模型，肖像画，スケッチ，写真，絵文字．言語記号で言えば**オノマトペ Onomatopoetikum** [複数形 Onomatopetika] は外界の音現象や動きその他の現象を言語音で模倣しているのでイコンである．すなわち，重い物が倒れるときの音をまねた pardauz「ドタン」，ガラスが壊れるときの音をまねた klirr「ガチャン」は記号としてはイコンである．また，動詞 wuseln「せわしなく（活発に）動き回る」も語源的には音響と動きの模倣から由来している．さらに，**隠喩 Metapher** や**直喩 Vergleich** もイコンに含めなければならない．ラクダを意味する das Schiff der Wüste「砂漠の舟」という隠喩は砂漠を越えて人や荷物を運ぶという機能を模倣した表現であるし，Haare wie Gold「黄金のような髪」という直喩は髪の色を模倣した表現である．

　インデックス Index [複数形は Indizes]：対象を指し示す機能を持った記号がインデックスである．対象は物体とは限らず，現象や行為のこともある．指示する以上は現場で特定の個別的な対象を指すのがインデックスの特徴である．例えば，何かある対象を指すジェスチュア，道しるべ，交通標識．

あるいはさらに，立ち上っている煙，黒い雲，赤面，熱っぽい顔，震えている体，早い脈拍などもインデックスである．すなわち，立ち上っている煙は燃焼物の存在を，黒い雲は雨を，赤面は羞恥か狼狽を，熱っぽい顔は発熱を，震えている体は寒気や疾病や緊張や恐怖などを，早い脈拍は興奮や発病を指し示している．これらの記号はいずれも原因を指し示しているから**前兆ないしは徴候 Anzeichen** と呼ばれるべきであるが，前兆ないしは徴候もインデックスに含める．

言語記号で言えば，人名のような固有名詞はインデックスになりうる．人名を口にすることは，その名を持った人物が現場に居る限り，その人を指し示すことになるからである．

シンボル Symbol：対象との類似性がなく，対象を指し示すこともせず，したがって現場に縛りつけられることもなく，純粋に対象の名前を挙げるはたらきをする記号がシンボルである．例えば，たいていの登録商標（会社のマークも登録商標である），化学記号，数式，地図に使う記号，音符，文字．言語で言えば，オノマトペなどを除くほとんどすべての単語．

対象と形も似ておらず，対象と因果関係もなく，現場に依存しないで，それでもなお何かを意味できるとしたら，それは記号の意味が社会の約束事として決まっているからである．シンボルは意味が社会の約束事として決まっている記号であると言うこともできる．例えば，平和の象徴としてのハト，赤十字のマーク，Ｖサイン，人差し指と親指で作った◯，親指と人差し指をこすり合わせるしぐさ，自分の頭を人差し指で指すしぐさ．

三種類の記号のこのような区分はいつも明瞭であるとは限らない．一つの記号に複数の機能が重ねられている場合もあって，記号を上の三種類のどれか一つに分類することはできないことが起こる．例えば，交通標識に使われた歩行者の絵はイコンであると言えるが，ここで横断せよという指図も同時にしているからインデックスでもある．あるいは der Bundespräsident Roman Herzog という言語記号のうち Bundespräsident は代々の大統領を指すことができるのでシンボルであるけれども，Roman Herzog は固有名詞としてこの名前の持ち主しか指すことができないのでインデックスである．また，言語記号は一般にシンボルであるけれども，音模倣的ないしは音象徴的な要素を含んでいる場合も多い．例えば，krächzen「（鳥などが）かあかあ（があがあ）鳴く」は krachen「ばりっ（めり・がちゃん・がたん・どしん）

第 7 章　記　号　論

と音を立てる」から派生したとされ，krachen はさらに擬音語の krach「ばりっ，めりっ，がちゃん，がたん，どしん（物が砕けたり落ちたりする音）」までさかのぼることができるからである．あるいは，winzig, Mini-, little（英語），petit（フランス語）に含まれる母音 i は「小さいこと」を象徴するとも言われる．

設問63　次のそれぞれの場合のどこに①イコン，あるいは②インデックス，あるいは③シンボルが使われているか．いずれも使われていない場合はどれか．

a. 男は「私はこれで会社をやめました」と言って小指を立てて見せた．
b. パーテイ会場へ行くと，入り口に下のような張り紙があった．

　　　　　会　場
　　　　　　→

c. 土手に腰を下ろしていた男は，急に立ち上がり，ズボンの汚れを手で払うと立ち去った．
d. 少年が猫にむかって「ニャーゴ」と鳴き真似をすると，猫は毛を逆立てた．
e. 仏法僧という鳥は，鳴き声が「ブッポーソー」と聞こえるので，その名がつけられたそうだ．
f. ドイツのサッカーチームは1996年のヨーロッパ選手権で優勝した．
g. 船尾に掲げられた国旗を見て，その船の国籍が分かった．
h. 澄み渡った夜空にはっきりと大熊座が見られた．
i. ノックすると，赤い顔をした酒臭い息の男が現れて，「なんだね」と無愛想に言った．
j. 生物学の教室にはたいてい人体の模型が飾ってある．

設問64　次の a. から f. までの記号の種類を述べよ．一つの種類に分類でき

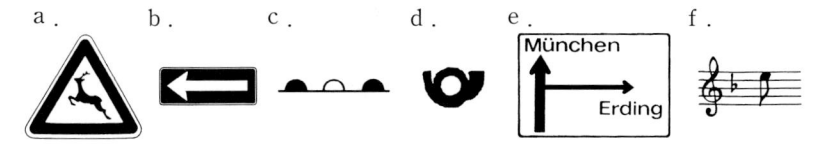

ない場合もありうる．

II．伝統的な記号モデル

　古典ギリシア以来，記号と対象のあいだに**対応 Korrespondenz** があるという伝統的な考え方がある．この考え方はとりわけ哲学の基本的な前提とされてきた．対応を前提にした記号モデルを**対応モデル Korrespondenzmodell** という．

記号	Luther	Hirsch	es regnet	rauchen
↕	↕	↕	↕	↕
実在	ルター	鹿の種族	降雨の現象	喫煙の行為

　ここで，言語学でかなりよく使われる「モデル」という用語について説明を挿んでおこう．例えば，物質の原子の組み合わせの模型は「モデル」である．細部や外見は捨象して本質的な部分だけを簡略化して示している．立体である必要はなく，イラストでもよい．

　つまり，「モデル」の特徴は，
　　　　　①視覚手段で示す
　　　　　②単純化する
　　　　　③本質的な事柄しか取り上げない

設問65　われわれが日常生活で出会う「モデル」の例を挙げよ．

　対応モデルの考え方によれば，実在（客体・現象・行為）は記号に依存することなく存在しており，記号は実在に付けられた名札のようなものである．実在を指して名づけるとき新しい記号が生まれる．したがって，言語は記号の集合であり，名称の集合である．
　この考え方は，固有名詞とか自然の種とかに付けられた名前（例えば Martin Luther や Hirsch）の場合にはぴったり当てはまる．けれども，文化に依存している概念になるとうまく行かない．例えば，Bundeskanzler という名詞は特定の人物に対して付けられた名称でもなく，種としての実在があって

付けられた名前でもないからである．Bundeskanzler は，ドイツ連邦共和国の議会制度との関連からはじめて生まれた役職であって，この記号が生まれる以前にすでに Bundeskanzler の役職が言語に依存することなく実在として独自に存在していたわけではなかった．

対応モデルのこの弱点は，記号と実在の中間に概念のレベルを導入すれば，幾分か補強できる．つまり，Bundeskanzler という記号と特定の個人との中間に「ドイツ連邦議会で選ばれた政府の指導者」という概念，つまり外延的意味，を想定すれば，Bundeskanzler はこの概念を介して特定の個人を指すことができるようになり，記号と対象のあいだに対応が生まれるからである．けれども，概念のレベルを導入したからと言って，対応モデルに関わるすべての問題が解決できるとは期待できない．

III．F. de Saussure が考えた記号モデル

Saussure が考えた記号モデルは伝統的な対応モデルとちょうど対蹠的である．つまり，彼の考えによれば，記号は実在とはなんの関わりも持たないからである．

記号 signe は下の図のように記号表現 signifiant と記号内容 signifié の二面を持つ．この二面は一枚の紙の表と裏のように不可分離である．

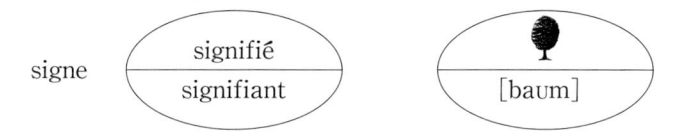

記号表現と記号内容の二つの面の関係は**恣意的 arbiträr** である．つまり音声と意味のあいだの関係はなんら必然的でなく，言語共同体の内部における約束事にすぎない．その証拠に，［baum］という音声がなんとなく「樹木らしさ」を伴っているとは感じられないし，ドイツ語共同体以外の構成員が［baum］という音声を聞いても，［baum］はなんの連想も引き起こさない．反面，ドイツ語共同体の内部では［baum］という音声と「樹木」という概念の結びつきは固く，［baum］という音声を聞けば「樹木」の概念が呼び起こされるし，「樹木」という概念はたちまち［baum］という音声を呼び起こす．

Saussure の場合，対応モデルのように記号と対象のあいだに対応があると考えないのなら，記号のいわば「アイデンティティ」はいったいどうして得

られるのだろう．それは，Baum が Blume でもなく，Busch でもなく，Hecke でもなく，Gestrüpp でもなく，その他ありとあらゆる Baum 以外の記号でないことによって得られる．言い換えれば，Baum 以外のすべての記号が Baum の占めるべき場所を限って残していてくれるから，Baum は Baum なのである．

　これがいわゆる**構造主義 Strukturalismus** の考え方である．一つの要素はそれ以外の要素に対する関係によってのみ定義することができる．要素に独自的に内在している特徴によってではない．要素と要素の間の関係によって成り立っているものを**構造 Struktur** と呼ぶ．この意味で言語は Saussure にとって構造である．Saussure はこの意味の構造を**体系 System** と言い直し，「言語は観念を表す記号の体系である」と言った．

　記号の体系としての言語の外に実在の世界が存在している．言語はこの実在の世界を自らの構造に合わせて体系づける．それゆえ，人間が言語を使うということは，言語が自らの構造に合わせて体系づけた実在の世界を認識することを意味する．たとえて言えば，人間は言語という眼鏡を通して世界を眺める．

　もっとも，この考え方は言語と思考を同一視してしまうことを意味する．それゆえ，この考え方を極端にまで押し進めていくと，実在は言語が生み出したものにすぎないという**言語的観念論 sprachlicher Idealismus** に行き着いてしまう．あるいは，言語ごとに実在の世界は異なるのであるから言語の数だけ実在の世界はあり得るのであるとか，言語相互間の翻訳や文化相互間の理解は不可能であるというような**言語的相対主義 sprachlicher Relativismus** になってしまう．

　Saussure の記号モデルに関連して，Saussure が言語について立てた大切な区別を紹介しておきたい．それは，体系の要素としての記号と実際に使われるときの記号という区別である．Saussure は前者に**ラング langue** という名を与え，後者に**パロール parole** という名を与えた．私たちは毎日の生活で言語を用いて意志疎通を行っているが，その場合，頭のなかに持っている言語記号を使って話す．頭のなかに持っている言語記号はラングであり，使われた言語記号はパロールである．

　ラングもパロールも本来はフランス語に由来している．日本語では langue を「言語」，parole を「言」とする訳語が工夫されたが，現在では原語のカタ

第7章　記　号　論

カナ書きですませるのが普通である．また，langue と parole の上位概念は Saussure によって**ランガージュ langage** という名前を与えられたが，こちらには「言語活動」という訳語が与えられた．現在では，ラングとパロールにあわせてランガージュとカタカナ書きされる．ドイツ語では，langue には Sprache が当てられ，parole には Rede, Sprechen, Sprechakt などが当てられる．ちなみに，signe, signifiant, signifié のドイツ語訳として Zeichen, Bezeichnendes, Bezeichnetes が用いられるが，そのほかに signifiant には Lautbild, Lautkörper, Lautgestalt, Form, Name, Ausdruck が，signifié には Bedetung, Begriff, Sinninhalt, Vorstellung が用いられることがある．

　ここで，Saussure の記号モデルが実在とはなんの関わりも持たないという意味をもう一度考えてみよう．

　Saussure の記号モデルは記号表現 signifiant と記号内容 signifié の二面を持っていた．いま例えば signifiant が [hunt] であるとすると，signifié は「犬」である．しかし，この「犬」は現実世界のどの犬でもない．ただ観念の中の「犬」である．そして，現実世界には無数の犬がいて，そのどれと比べても観念の中の「犬」がそれらに一致することはない．それにもかかわらずわれわれは目の前にいる犬を何の違和感もなしに [hunt] と呼ぶし，受け手もそのことを少しも不自然とは考えない．この事情を図示すれば，下の図のようになろう．

　観念の中の「犬」は**典型 Typ** と呼ばれ，目の前にいる具体例としての犬は**実例 Exemplar** と呼ばれる．

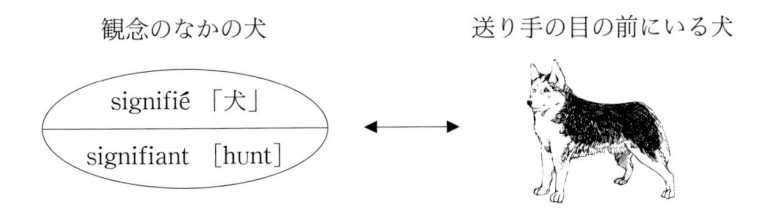

設問66　下の図は Ogden/Richards の「記号の三角形」semiotisches Dreieck von Ogden/Richards という．この図を参考にして答えよ（実線と点線の違いに注意せよ）．

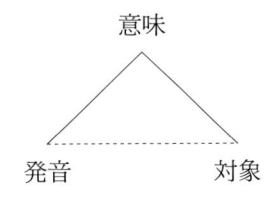

a. Saussure の記号の考え方とどこが違うか．
b. 我々が「言語外の世界」に居る対象である犬を見て，これは [mʊ] と呼ぶのだということが分かるのはなぜか．

設問67 「家へいらっしゃい」という発話に含まれている記号「うち」と「いらっしゃい」について，典型と実例の区別を説明せよ．

Ⅳ．K. Bühler の言語理論と記号モデル

Sprachtheorie『言語理論』(1934)を著した K. Bühler は，伝統的な対応モデルから出発して，これを拡大した．すなわち彼は，記号と対象のあいだの関係のほかに，記号と送り手のあいだの関係，それに，記号と受け手のあいだの関係を加えた．

それゆえ，彼の記号モデルは，下の図のように，記号を中心として三方向に放射線が描かれ，それらが記号と対象のあいだの関係，記号と送り手のあいだの関係，そして，記号と受け手のあいだの関係を示している．

彼はこの図によって言語の機能を表そうとした．それゆえ，記号と対象のあいだに**叙述 Darstellung** と記してあるのは，このあいだの関係が**叙述機能 Darstellungsfunktion** だと考えられているからである．同じように，記号と送り手のあいだの**表出 Ausdruck** は**表出機能 Ausdrucksfunktion** を意味

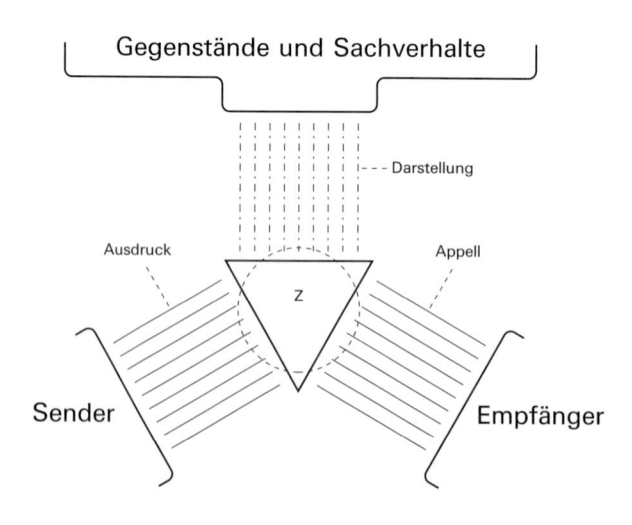

し，記号と受け手のあいだの**呼びかけ Appell** は呼びかけ機能 **Appellfunktion** を意味する。

　この三つの機能を分かりやすく説明するには，単一の記号の例よりは記号の複合体の例のほうが都合がよい。例えば，A と B がトランプをしているとき，B の対応がのろすぎるので，A が B にむかって „Kannst du nicht 'was schneller machen?" 「もうちょっとさっさとやれないか」と言ったとする。この発話は，まず第一に A の B に対する早く対応するようにという要求であると理解できる。その意味で，Kannst du nicht 'was schneller machen ? という記号の複合体は呼びかけ機能を果たしている。Bühler はこのときは記号の**シグナル Signal** としての面が表に立っていると考える。第二に，同じ発話から A が B ののろさにいらいらしていることが見て取れるので，それは表出機能も果たしているとも言える。このときの記号には**徴候 Symptom** としての面が認められると Bühler は考える。第三に，„Kannst du nicht 'was schneller machen?"という発話の前提は B の対応がのろすぎることなのであるから，間接的にその事態を叙述する機能さえも果たしていると言うことができる。このときは，Bühler によると，記号の**シンボル Symbol** としての面が表に立っている。

V．記号論の三分野

　記号論の創始者は Ch. S. Peirce (1838-1914)であるが，記号論の研究に最も大きな影響を与えたのは Ch. W. Morris である。Morris は，何かが記号として機能する過程を**記号過程 Semiose** と呼んだ。また，記号過程の研究のうち，記号と記号のあいだの形式的な関係を扱う分野を**結合論 Syntaktik**，記号の外形と記号の意味のあいだの関係を扱う分野を**意味論 Semantik**，記号と記号の使用者のあいだの関係を扱う分野を**実用論 Pragmatik** と呼んだ。実用論の分野は，記号の使用者としての人間を観察の対象にするため，心理学的な観点や社会学的な観点や生物学的な観点と取り組まなくてはならない。

　Morris は記号の意味と記号が指す対象とを明確に区別しなかったが，のちに G. Klaus が記号と記号が指す対象との関係を扱う独自の分野として**指示対象論 Sigmatik** を唱えた。

設問68 食事を始めるまえに「いただきます」と言う．この「いただきます」を Bühler の記号モデルの機能にならって説明せよ．

設問69 つぎのそれぞれのモデルを記号論の術語で説明せよ．Z は Zeichen を，B は Benutzer を，O は Objekt を，また矢印は関係を意味する．

 a. Z1 ⟷ Z2   c. Z ⟷ O

 b. Z-Form ⟷ Z-Bedeutug   d. Z ⟷ B

第8章　語用論的言語学

Ⅰ．ラングの研究とパロールの研究

　ここで Saussure が設けた記号の区別を思い起こそう．体系の要素としての記号はラングといい，実際に使われるときの記号はパロールというのだった．本書は言語学研究の案内を音韻論から始め，形態論と統語論を紹介し，さらに意味論まで解説を進めた．このあたりまでは体系としての言語の研究であることがはっきりしているから，これらの研究が対象とするのはラングとしてのドイツ語である．一方，実用論的／語用論的言語学は記号の使用過程を研究しようとするという意味で，研究対象はパロールとしてのドイツ語であると言わなければならない．

　テクストを研究対象とするテクスト言語学も，テクストが日常のコミュニケーションに用いられる最も普遍的な言語使用の形であることを考えると，テクストをもっぱらラングとして扱うだけでは十分ではなく，パロールとしても眺めなければならないように思われる．例えば，相手に少しだけ自分の話を聞いてくれる時間的な余裕がないかと尋ねる場合に，言葉づかいに話し手と聞き手の社会的な関係が反映するからである（第6章テクスト言語学ならびに第7章記号論では，話し手と書き手を綜合して送り手，聞き手と読み手を綜合して受け手と呼んできたが，本章では書かれたテクストよりは話されたテクストが中心になるので，再び話し手と聞き手という用語を使う）．„Guten Tag, Herr Professor Wiegand! Hätten Sie vielleicht eine Minute Zeit?"「Wiegand 先生，おはようございます．少々お時間を頂けませんでしょうか」と言うか，それとも，„Hallo, Rainer! Hast du mal 'n Moment Zeit?"「やあ，ライナー，ちょっとだけ暇がないかな」と言うかは，相手に対して敬意をもって接しなければならないか，それとも，気のおけない相手であるかによって決まる．このような観察を考慮に入れると，テクスト言語学はラングとしてのドイツ語の研究からパロールとしてのドイツ語の研究へのちょうど橋渡しの位置にあると言えよう．

　前章で見たように，記号過程の研究のうち，記号と記号のあいだの形式的

な関係を扱う分野は結合論と呼ばれ，記号と記号が指示する対象のあいだの関係を扱う分野は意味論と呼ばれ，記号と記号の使用者のあいだの関係を扱う分野は実用論／語用論と呼ばれた．関係のこの三区分は，言うまでもなく言語記号にもあてはまる．言語記号について記号と記号使用者のあいだの関係を扱う分野を**実用論的／語用論的言語学 Pragmalinguistik** という．

　実用論的／語用論的言語学は，記号の使用者を観察の対象に入れているのであるから，当然，パロールとしてのドイツ語の研究に数えられる．実用論的／語用論的言語学は，1970年代から注目を浴びはじめ，今日ではすでにいくつかの固有の研究分野を持っている．以下，これらの研究分野について概略を紹介する．

II．行為としての発話の研究

　„Maikäfer sind heute selten."「コガネムシは近頃では珍しい」という発話は，真偽は別として，たんにある事態を述べているにすぎない．これに対して，教会で洗礼の際に僧侶が，„Ich taufe dich (hiermit) auf den Namen Michael."「［ここに］汝を Michael と命名する」と述べた場合は事情が異なる．この発話については真偽を問うことができないし，何よりも，赤ん坊が一生のあいだ Michael という名前を背負っていくという効果を伴っている．

　発話が効果を伴うということは，発話が行為であることを意味しているようである．一般に効果を引き起こすためには，肉体を動かして力を加えることが必須の前提のように考えられがちであるが，効果が引き起こされさえすれば，原因が肉体的な動作であろうと発話であろうと，違いはないわけである．

　ここで，**行為 Handlung** と**行動 Verhalten** の区別について述べておく．行動は人間ならびにあらゆる生き物の生命の現れであって，行為の上位概念である．行動のうち意図に基づくものだけが行為と呼ばれる．例えば，人間や動物が何かを食べるのは行為である．食欲を満たそうとする意図があって，人間や動物はものを摂取する．これに対して，人間や動物がくしゃみをするのは行動である．くしゃみは自然に出るものであって，意図してくしゃみをすることはできない．

　すると，僧侶は洗礼に際して赤ん坊を Michael と名づける意図のもとに上の発話をしたのであるから，この発話は行為である．行為としての僧侶の発

話をさらにくわしく観察すると，つぎのような特徴が見つかる．すなわち，
　①主語が1人称である．
　②述語動詞のテンスが現在である．
　③内容の真偽は問題にされない．
　④ある効果を伴う（効果を伴わない場合は，行為そのものが不成功）

このような特徴を備えた発話は**遂行的発話 perfomative Äußerung** と呼ばれる．そして，„Maikäfer sind heute selten." のような発話は遂行的発話と区別されて，**事実確認的発話 konstative Äußerung** と呼ばれる．また，遂行的発話に述語動詞として使われる動詞を**遂行動詞 performatives Verb** という．

これらの特徴のうち①は，例の発話の主語を例えば3人称に置き換えてみれば納得がゆく．„Der Pfarrer tauft dich auf den Namen Michael." では，僧侶以外の第三者が命名を事実確認的に赤ん坊に言ってきかせている発話になってしまう（もっとも，赤ん坊が理解できるはずもないが）．また特徴の②も，例の発話を „Ich habe dich auf den Namen Michael getauft." と変えてみれば，意味がよく理解できるであろう．変えられた発話は僧侶の回想という事実確認的発話である．そして，何の効力も伴わない．

発話のなかに行為としての性格を持ったものがあることを発見し，そのことを主張するとともに，遂行的発話と事実確認的発話の区別を提唱したのはイギリスの哲学者 J. L. Austin (1955) である．このように，発話即行為であるという考え方を**発話行為理論 Sprechakttheorie** という．Akt は Handlung と同義であり，英語の act が16世紀にドイツ語に借用された．

Austin の遂行的発話と事実確認的発話の区別はわれわれに大いに耳を傾けさせる．しかし，Austin 自身この区別をやがて放棄している．それは，つぎのような事実が確認されたからである．

たしかに，赤ん坊が Michael という名前を得るには教会における洗礼の儀式は必須の条件であると言える．けれども，僧侶がその場で „Ich taufe dich (hiermit) auf den Namen Michael." と言う代わりに，„Du heißt jetzt Michael."「君は今日から Michael と言うんだよ」と言ったとしても，赤ん坊が Michael という名になることは同じである．つまり，„Du heißt jetzt Michael." は，外見からすれば事実確認的発話であるが，効力の点でりっぱに遂行的発話である．しかも，洗礼の実例は遂行的発話が一定の社会的な制度

と結びついていなければならないかと思わせるが，一定の社会的な制度との結びつきも発話が遂行的であるのに必須の条件だとは言えないことも明らかとなった．例えば，,,Draußen gießt es in Strömen."「外はどしゃ降りだよ」のような社会的な制度と何の関わりもない事実確認的発話ですら，発話が行われる場面次第では，「いま外は大雨だから，出ていかないほうがよい」という忠告か，「いま外は大雨だから，傘を忘れないように」という注意になるからである．忠告も注意もりっぱに行為である．ちなみに，このように遂行動詞を用いない遂行的発話は**暗示的な遂行的発話 implizite performative Äußerung** と呼ばれる．以上の観察から，一切の発話は遂行的でありうることが認められたのである．

なお，Austin とは別にすでに，オーストリア生まれのイギリスの哲学者 L. J. J. Wittgenstein (1889-1951) が，質問，返事，命令，依頼，語り，推測の表明，挨拶，罵倒などの発話を「言語ゲーム」Sprachspiel と名付け，われわれは「ゲーム」をしつつこれらの発話を実際に使うときの規則を習得し，ひいてはわれわれの母語を身につけてゆくのであると説いている．

設問70　我々の社会で，話し手が発話することによって必ず効力を伴う行為を果たすようになっている制度の実例を三つ挙げよ．

設問71　会社で上司が下僚にむかって「私は君に東京へ出張するよう命令する」と言うことはまずないと思われる．上司は，このような明示的な遂行的発話の代わりに，どのような暗示的な遂行的発話をすると思うか．

設問72　次のドイツ語で書かれた明示的な遂行的発話を，日本語で A．明示的な遂行的発話と B．暗示的な遂行的発話に書き換えてみよ．
　a. Ich verbiete dir, mehr als zwei Katzen zu halten.
　b. Ich wünsche Ihnen ein Glückliches Neues Jahr.
　c. Ich behaupte, Undank sei der Welt Lohn.
　d. Ich erlaube dir, nach Hause zu gehen.

設問73　下の左欄のドイツ語で書かれた暗示的な遂行的発話はそれぞれどん

な発話行為の意味を持っているか。右欄の発話行為名と結べ。

a． Hol' dich der Teufel!　　　　A． Trost
b． Mach's gut!　　　　　　　　B． Wunsch
c． Ich drücke dir den Daumen.　C． Fluch
d． Komm doch wieder vorbei!　　D． Bitte
e． Irren ist menschlich!　　　　E． Gruß

III．J. L. Austin

　Austin の発話行為理論の中核をなすのは，明示的な遂行的発話にせよ暗示的な遂行的発話にせよ，次の三段階から成るという考え方である。すなわち，

　①発語行為
　②発語内行為
　③発語媒介行為

　発語行為 Lokution / lokutiver Akt / lokutionärer Akt とは，読んで字のごとく，語を発する行為である。あらゆる発話をなすためには，とにもかくにもまず正しく発語しなくては始まらない。発語する行為をさらに詳しく観察すれば，a)音声を作り出す**音声行為 phonetischer Akt**，b)単語や文を作り出す**用語行為 phatischer Akt**，c)意味を表す**意味行為 rhetischer Akt** に分けることができる。

　発語内行為 Illokution / illokutiver Akt / illokutionärer Akt は，いわば発語行為のなかに隠されている行為であって，話し手が本心で遂行しようと意図しているのはこの行為である。話し手が本心で遂行しようと意図している行為を聞き手が明確に理解したとき，話し手の意図は聞き手において効力を発する。その瞬間に，発語内行為は**発語媒介行為 Perlokution / perlokutiver Akt / perlokutionärer Akt** と名が変わる。

　遂行的発話は，時間的な経過を追って分解すればこのように三つの段階の分けて観察されるけれども，実際には三段階を経るのに時間はかからず，三段階がほとんど同時に成り立つ。

設問74　俗説では，京都で客が長居をして食事時が来ても腰を上げないとき，主人は「ぶぶづけでも食べていかはったらどうどす」と言う。「ぶぶづけ」とはお茶漬けのことである。すると，客は早々に腰を上げて帰っ

ていくそうである．この現象の始めから終わりまでを Austin の発話行為理論の術語を使って説明せよ．

設問75 „Warum haben Sie das nicht gleich gesagt?" という発話を Austin の発話行為理論の術語を使って説明せよ．

IV．J. R. Searle

　Austin の弟子であった Searle は，遂行的発話を次の四段階に分類した．
　　①発語行為
　　②命題行為
　　③発語内行為
　　④発語媒介行為
　Searle の場合，**発語行為 Äußerungsakt** は Austin の音声行為と用語行為に当たる．そして，**命題行為 propositionaler Akt** が Austin の意味行為に相応する．命題行為は，さらにテーマを立てる指示行為 referentieller Akt とレーマを述べる述語行為 Prädikationsakt に下位区分される．**発語内行為 illokutionärer Akt** ならびに**発語媒介行為 perlokutionärer Akt** は Austin が定義したのとおなじである．
　Austin と比べた場合の Searle の特色は，発話をわれわれが規則に導かれて遂行する行為であると考えたことである．Searle によると，世の中の「規則」には二種類が認められる．
　一つは人間の行為を規制する規則である．例えば，テーブル・マナーはこの種の規則にあたる．食事をするという人間の行為は，テーブル・マナーという規則が確立する以前から存在した．人間の行為がまずあって，その行為を規制するために規則があとから作られたと言ってよい．このような規則を**統制的規則 regulative Regel** という．
　もう一つは，人間の行為を成立させるための規則である．ゲームのルールはこれに当たる．ルールがまずないとゲームそのものも成り立たない．つまり，こちらは規制するための規則がまず定められ，そのうえに人間の行為が成り立つ．このような規則を**構成的規則 konstitutive Regel** という．
　コミュニケーションも人間の行為の一種であるから，やはり，「人間の行為を成立させるための規則」に支配されていると考えなければならない．した

第8章 語用論的言語学

がって，コミュニケーションを作り上げている発話行為もまた，当然,「人間の行為を成立させるための規則」に支配されていることになる．

「約束する」という発話行為を例にして，この規則がどんなものか考えよう．もし誰か友人にむかって，「私は君にハイネ全集をプレゼントすると約束する」と言えば，その人は，友人にハイネ全集を渡さなければならない．つまり，「私は君にハイネ全集をプレゼントすると約束する」という発話をすることによって自分に約束の実行という行為をさせるわけであるから,「私は約束する」という言葉を発することは発話行為である．

なお，「私は君にハイネ全集をプレゼントすると約束する」というのは明示的な発話行為であって，現実には，暗示的な発話行為として「君にハイネ全集をプレゼントするよ」と言うであろう．

さて，上の例について次のことが言える．
　①ハイネ全集を友人に渡すのは，発話時点から見ると未来の行為である．
　②友人にハイネ全集を贈ることが友人を喜ばすのは明白である．
　③友人が喜びもしないのにハイネ全集を贈ることはありえない．
　④私は本気でハイネ全集を渡すつもりである．
　⑤「君にハイネ全集をプレゼントするよ」と発話することは，私がそれを実行する義務を引き受けることである．

これらの事実から「約束する」という発話行為に関する規則を導き出すと，次のようになる．
　①「約束」できるのは，話し手の未来の行為に限る．
　②「約束」できるのは，聞き手が希望していることが確かな場合に限る．
　③「約束」は，普通の状態ではしないものである．
　④「約束」は，話し手が実行できる事柄に限る．
　⑤「約束」は，話し手が実行の義務を引き受けることを意味する．

設問76　「命令」の意味は下の定義のように厳しいものである．このことを念頭に置いて発話行為としての「命令」の条件を列挙せよ．
　　　命令：「上司が職務に関して部下の職員に命ずること」(『広辞苑』)

設問77　下のそれぞれの発話行為に関係のある規則を選び出せ．

a．Ich verbiete dir die Benutzung meiner Werkzeuge.
b．Ich berichte euch, wie jemand in meine Wohnung eingebrochen habe.
c．Ich wünsche Ihnen ein glückliches Neujahr.
d．Ich ernenne Sie hiermit zum Bundesminister.
e．Wenn du das tust, rufe ich sofort die Polizei.

A．将来に関係する話し手の行為に言及している
B．将来に関係する聞き手の行為に言及している
C．話し手の現在の行為の効力に言及している
D．過去の行為に言及している
E．聞き手は行為を希望している
F．聞き手は行為を希望していない
G．話し手は行為を希望している
H．話し手は行為を希望していない
I．行為は遂行可能である
J．話し手は権威を持っている

Ⅴ．発話行為の分類

　AustinもSearleも発話行為を分類することを試みた．Searleは次のような五つの発話行為の包括的な型が認められると考えた．
　①話し手が自分にとって事実と信じられる事柄を述べる型：「自分が事実と信じること」ならなんでもよい．「レーガン大統領の訪中は，今後，日中関係にネガティブな影響をもたらすだろう」という外交上の「確信」も含められる反面，「今日はよい天気だ」のような何気ない「感想」もここに含められる．したがって，「主張」，「確信」，「事実確認」，「記述」，「報告」，「批評」，「批判」，「感想」などと呼ばれる内容を述べる発話はすべてこの型に入る．
　この型に属する遂行動詞は，behaupten「主張する」，feststellen「断言する」，beschreiben「叙述する」，berichten「報告する」など．これらの動詞は**陳述表示型の遂行動詞 Repräsentativum**（複数形はRepräsentativa）と呼ばれ，遂行の型として表示するときにはREPRÄSENTATIVAと表記される．
　②話し手が聞き手に何かをさせたいと希望する型：「希望する」という表現から「ちょっとペン貸してね」という友だちの頼みのようなソフトな人間関

係だけを想像してはいけない．「敵の陣地を攻撃せよ」という軍の「命令」も，上司の「出張命令」も，「子供を誘拐した．1000万円出せ」という誘拐犯の要求も，「生ゴミは月曜日に出してください」という管理人の要請も，みなここに含められる．

　この型に属する遂行動詞は，befehlen「命令する」，auffordern「誘う」，erlauben「許可する」，bitten「依頼する」など．これらの動詞は**行為指導型の遂行動詞 Direktivum**（複数形は Direktiva）と呼ばれ，遂行の型として表示するときには DIREKTIVA と表記される．

　③話し手が何かをすると伝える型：政治家の「公約」にはじまって，個人のあいだの「約束」にいたるまで，約束する発話行為はすべてこの型に属する．いわゆる「予告」も，「1000万円出さなければ，人質の命はないぞ」（「1000万円出さなければ，人質を殺す」の間接的表現）のようなネガテイブな約束としての「脅迫」も，当然，この型である．

　この型に属する遂行動詞は，versprechen「約束する」，ankündigen「予告する」，drohen「脅す」など．これらの動詞は**行為拘束型の遂行動詞 Kommissivum**（複数形は Kommissiva）と呼ばれ，遂行の型として表示するときには KOMMISSIVA と表記される．

　④話し手の立場を表明する型：「話し手の立場」と一口に言っても，聞き手との事実上の関係次第で，「感謝する」，「祝う」，「詫びる」，「嘆く」，「（気持ちなどを）訴える」などさまざまである．

　この型に属する遂行動詞は，danken「感謝する」，gratulieren「お祝いを言う」，sich entschuldigen「詫びる」など．これらの動詞は**感情表明型の遂行動詞 Expressivum**（複数形は Expressiva）と呼ばれ，遂行の型として表示するときには EXPRESSIVA と表記される．

　⑤国際的・社会的な制度と結びついた内容を相手に伝達する型：「宣戦を布告する」，「開会を宣言する」，「婚姻を届け出る」，「結婚を通知する」，「解約を通知する」，「解雇を通告する」など．

　この型に属する遂行動詞は den Krieg erklären「宣戦を布告する」，heiraten「結婚する」，kündigen「解除を通知する・解約を通告する」，entlassen「解雇する」など．これらの動詞は**宣言型の遂行動詞 Deklarativum**（複数形は Deklarativa）と呼ばれ，遂行の型として表示するときには DEKLARATIVA と表記される．

設問78 次の遂行動詞はそれぞれ上の五つの型のどれに属するか．
 a. ablehnen b. vermachen c. prophezeien d. klagen
 e. bestätigen f. erzählen g. definieren h. beauftragen
 i. trauern j. warnen

Ⅵ．コミュニケーションにおける聞き手の役割

さきに意図に基づく人間の行動が行為と呼ばれることを見たが，行為のうちパートナーを伴う行為は**相互作用 Interaktion** と呼ばれる．コミュニケーションは相互作用の一つである．そして，記号のうちのシンボルを用いて行う相互作用を**コミュニケーション Kommunikation** と呼ぶ．言語のほかにもシンボルが存在するから，このコミュニケーションは広義のコミュニケーションである．もしシンボルのうち言語だけを用いるコミュニケーションを指す場合は，**言語コミュニケーション sprachliche Kommunikation** と言ったほうが正確である．

広義のコミュニケーションにせよ言語コミュニケーションにせよ，コミュニケーションは理解（必ずしも同意や合意のことではない）を目指して行われるのであるから，少なくともパートナーが最小限の共通する関心を持っていることが無視できない前提である．その意味でコミュニケーションは共同的な行為である．

H. P. Grice は，言語コミュニケーションのパートナーのすべての活動は，この**共同の原理 Prinzip der Kooperation** に基づいていることを指摘した．すなわち言語コミュニケーションのパートナーは，発話する際にも，相手の発話を理解する際にも，次のような前提に立っている．①発話は究極的には共同の立場から発せられる．②発話は理解されることを目指して発せられる．③したがって発話は，たとえ文言と内容が食い違っているように思われる場合でも，理解できるはずである．

この共同の原理は抽象的過ぎるので，Grice は原理を**会話の公理 Konversationsmaxime** の形に敷衍した．

①話し手はコミュニケーションの目的が完全に達成されるだけの言葉を尽くして話さなければならないが，必要以上に話してはならない（**量の公理 Maxime der Quantität**）．

②話し手は自分が真実だと信じない事柄を話してはならない．自分が真実

第8章　語用論的言語学

だと信じない事柄を口にするのなら，自分の発話の真実性の度合いをシグナルで示さなければならない（**質の公理 Maxime der Qualität**）．

　③話し手は会話の流れに無関係な事柄は口にしてはならない（**関係の公理 Maxime der Beziehung**）．

　④話し手は必ずその場にふさわしい話し方で，かつ，要求されるだけの明確さで話さなければならない（**様態の公理 Maxime der Art und Weise**）．

　しかし，現実の会話を観察すると，これらの会話の公理は必ず守られているとは言えない．つまり，

　①現実の会話には「言葉が足りない」発話が出てくることがある．
　②現実の会話には冗談も話される．
　③現実の会話では，流れに関係のない事柄が話されることがある．
　④現実の発話には，場面にふさわしくない話し方が突然現れることがある．

　けれども，会話はその都度そのために破綻してしまう訳ではない．なぜだろうか．それは，聞き手が進んでこのような「規則違反」を補って，コミュニケーションを維持するからである．すなわち，聞き手は，会話の流れの途中で会話の公理に違反する発話が現れると，違反があったとは考えずに，むしろ一見違反があったと見える裏に，実は何らかの事情があったのだと推測をはたらかせて，その発話を解釈する．すると，この解釈のおかげでコミュニケーションに破綻を来したかのように見えた発話が修復され，会話は続けられる．結果として，会話は話し手が会話の公理を守って進められていることになる．

　それゆえ，会話の公理は，話し手に関する規則を述べているように見えるけれども，実は，会話における聞き手の役割を述べていると言うことができる．すなわち，

　①聞き手は，会話の際に話し手の言葉ばかりに注意を向けているのではなくて，場面のあらゆる要素——話し手の表情・しぐさから客観的状況にいたるまで——を手がかりにして相手を理解しようとしている．
　②聞き手は，話し手の言葉が常に真実であるとは考えないで，むしろ，その真偽を場面のあらゆる要素を手がかりに判断しようとしている．
　③聞き手は，話し手の一見会話の流れに関係がないように見える言葉は，むしろ流れに何らかの関係を持つと考え，その関係を見つけようと努める．

④聞き手は，話し手の一見場面にふさわしくない話し方には実は何らかの事情があるのだと受け取る．

　Grice は，このように聞き手が推測をはたらかせることによって得る解釈のことを**会話の含意 konversationelle Implikation** と呼んだ．含意とは，言い換えれば，話し手が本当は伝えたかった「本音」Sinn のことである．会話における聞き手は，実は，話し手の「本音」を理解する人である．そして，聞き手が話し手の「本音」を理解するおかげで，コミュニケーションそのものは破綻を来さない．

設問79　下のそれぞれの場面には Grice の会話の公理に対する違反が現れている．しかし，公理への違反にもかかわらず，コミュニケーションは破綻していない．どの公理に違反しているかを述べよ．また，公理への違反にもかかわらずコミュニケーションが成立している理由を説明せよ．

　　a．学生Aのマンションに級友が4，5人遊びにやって来た．夜遅くまで歓談して，気が付くと12時近かった．しかし，楽しい雰囲気がまだ続いていて，級友の一人が新たな話題を出して話し始めた．彼が二言三言話して，息を継ごうとしたとき，突然，Aが言った．「君たち，明日は一時限目から授業があるといっていたね」．

　　b．ガールフレンドが会社から勤務中に電話をかけてきた．私とおしゃべりをして，今夜のデートの打ち合わせをするためである．ところが，電話の途中で，人が部屋へ入ってくる気配がしたとたんに，彼女は「Xさん」と私のではない名前で呼びかけて，「分かりました．では会社が引けましたら地下の喫茶でお会いしましょう．そして，新しい保険のくわしい御説明を伺いましょう」と言った．

　　c．いつも夕食を摂るレストランでときどき顔をあわす常連らしい男がいて，出会えばたがいに黙礼する程度の知り合いである．しかし，夕べは態度が違っていて，私のテーブルにやって来て，隣に座り，私の肩を叩いて，親しげに「もう今日の仕事は終わりましたか」と尋ねた．

　　d．知人の画家が個展を開いた．知人のよしみで出かけたが，絵を見て回っていると，その画家が近づいてきて，「気に入った作品がおありですか」と尋ねたので，「いやあ，どれもカラフルですね」と返事をした．

e．会社で泥だらけの靴をはいている部下にむかって上司が，「きみ，ずいぶんきれいな靴をはいているね」と言った．

設問80 次のテクストを日本語になおせ．また，どこに会話の公理への違反が見られるか，そして，違反にもかかわらずコミュニケーションが頓挫しないとしたらそれはどうしてか，説明せよ．

　　Ich sprach mit Ulrike, das Radio war an, und ich musste schon zum dritten Mal nachfragen, weil ich sie nicht verstand. Dann sagte ich zu Ulrike: „Ich würde das Radio etwas lauter stellen."

第9章　コミュニケーション

Ⅰ．人間の行動とコミュニケーションの関係

　人間のすること一切は行動 Verhalten と呼ばれ，そのうち意図に基づく行動を特別に行為 Handlung と呼ぶことはすでに98ページで説明した．また，パートナーを伴う行為を相互作用と呼んで区別すること，コミュニケーション，ひいては言語コミュニケーションは相互作用の下位概念であることを106ページで述べた．ここに全体を図にまとめておこう．

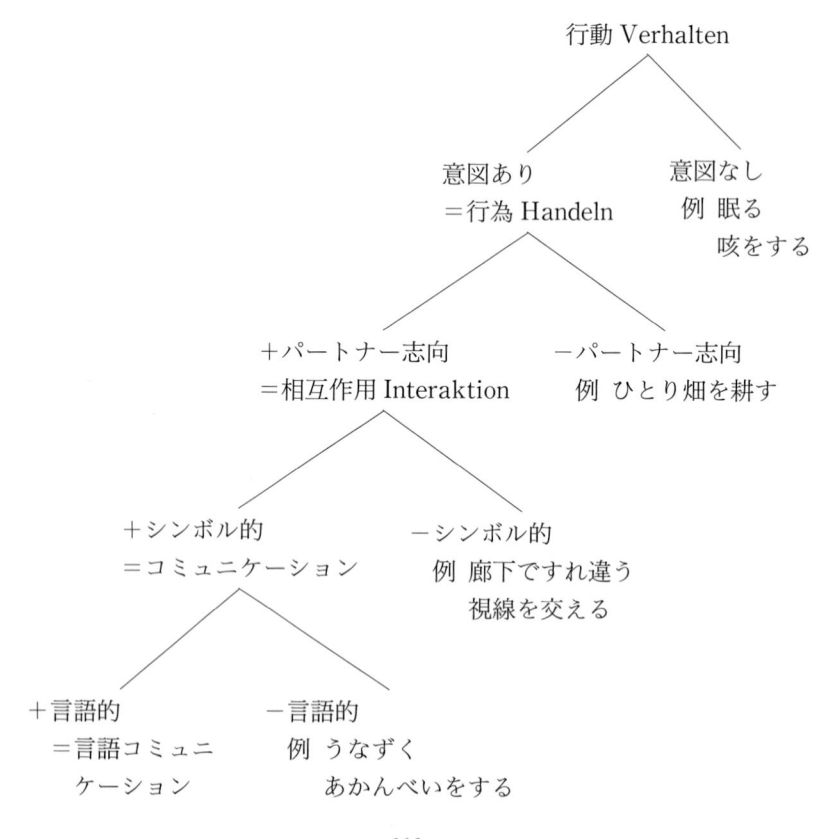

```
                        行動 Verhalten
                       /              \
                  意図あり            意図なし
                 ＝行為 Handeln       例 眠る
                                        咳をする
                 /        \
         ＋パートナー志向   －パートナー志向
         ＝相互作用 Interaktion  例 ひとり畑を耕す
         /        \
    ＋シンボル的   －シンボル的
    ＝コミュニケーション  例 廊下ですれ違う
                              視線を交える
       /       \
  ＋言語的    －言語的
  ＝言語コミュニ  例 うなずく
    ケーション    あかんべいをする
```

第9章 コミュニケーション

　言語はコミュニケーションの手段として使われるから，言語学は**コミュニケーション学 Kommunikationswissenschaft** の一分野であると言うことができる．

設問81　次に記した行動のうちどれとどれが行為か．
　　a．図書館で本を読んだ．
　　b．そのとき，隣の席の学生は本に覆いかぶさっていびきをかいていた．
　　c．私は彼の肩をゆすった．
　　d．彼は眼をさました．
　　e．彼は私を睨んだ．
　　f．私は腹が立った．

設問82　次に記した行為のうちさらに下位区分できるのはどれか．下位区分したものについては区分の根拠を述べよ．
　　a．花咲爺さんがポチが教えた地面を掘っている．
　　b．おばあさんが雀の舌を切っている．
　　c．桃太郎のお婆さんが川上から流れてきた桃を拾った．
　　d．桃太郎が犬に，「鬼退治について来るなら，キビダンゴをやろう」と言った．

II．言語コミュニケーションのモデル

　現実のコミュニケーションの過程はたいへん複雑なので，コミュニケーション過程を考えるとき，モデルを使って考える．

II-1．コミュニケーションの最も単純化したモデル

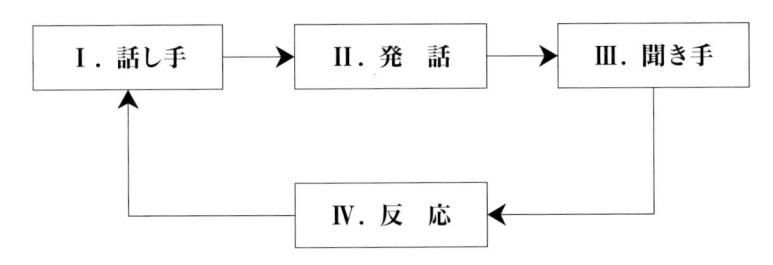

```
┌──────────┐    ┌──────────┐    ┌──────────┐
│ I．話し手 │──▶│ II．発話 │──▶│ III．聞き手│
└──────────┘    └──────────┘    └──────────┘
      ▲              ┌──────────┐       │
      └──────────────│ IV．反応 │◀──────┘
                     └──────────┘
```

設問83　次の言語コミュニケーションの特色はどんな点か．特色を簡単に箇

条書きにせよ．
　a．手紙
　b．講義

設問84　単純化したせいで上のモデルには記入されていない要素を見つけだすために，次の問に答えよ．
　a．相互作用は行為の一種である．行為という言い方には何が含意されているか．
　b．発話の媒体 Media は物理的に見れば何か．
　c．媒体によって運ばれるものを言語学的に言い表すとすれば，何と言えばよいか．
　d．言語記号には記号表現と記号内容の二つの面がある．このことを前提にすると，言語を「話す」とはどういうことか．
　e．また，言語を「聞く」とはどんなことか．
　f．発言している者にも自分の発話が聞こえているという事実は何を意味するか．
　g．「親しみのこもった口調で話す」とか「絶望的な口ぶりで話す」というような表現があるということは，何を意味するか．
　h．会話で話がうまく伝わらない原因が話し手にあるとき（例えば，風邪を引いていて声がとても悪い），あるいは原因が聞き手にあるとき（例えば，耳が不自由である）を除くと，ほかに例えばどんな原因が考えられるか．

II-2．やや精密なコミュニケーション・モデル

　上の最も単純なモデルでは省略されていた要素を書き加えた．上の最も単純化したモデルを構成しているⅠ．〜Ⅳ．までの要素はコミュニケーション・モデルにとって必須の要素である．これらは▢で示した．

第9章　コミュニケーション

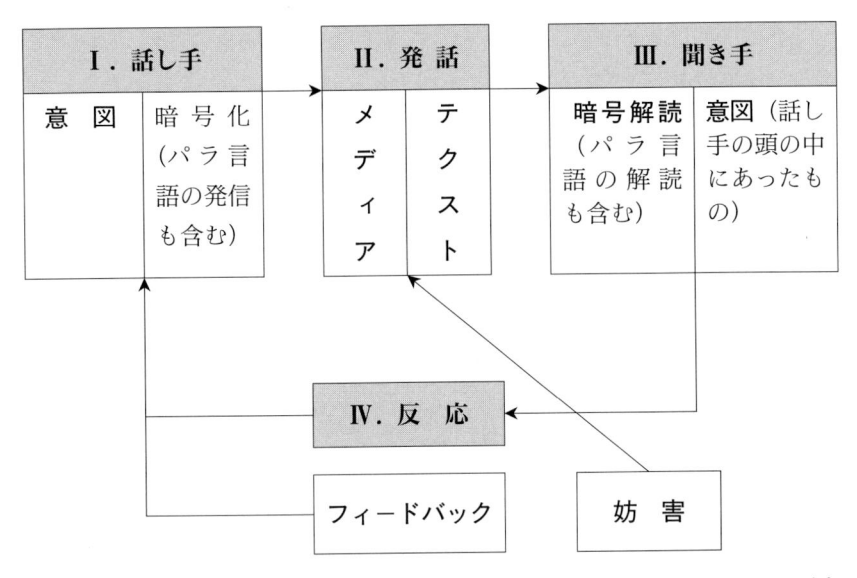

```
┌─────────────────┐  ┌─────────────┐  ┌─────────────────┐
│   I．話し手      │→│  II．発話    │→│   III．聞き手    │
├────┬────────────┤  ├──────┬──────┤  ├────────┬────────┤
│意図│暗号化      │  │メ    │テ    │  │暗号解読│意図（話し│
│    │（パラ言    │  │デ    │キ    │  │（パラ言│手の頭の中│
│    │語の発信    │  │ィ    │ス    │  │語の解読│にあったも│
│    │も含む）    │  │ア    │ト    │  │も含む）│の）      │
└────┴────────────┘  └──────┴──────┘  └────────┴────────┘
         ↑                  ↑
         │          ┌───────────────┐
         │          │  IV．反　応   │←──┐
         │          └───────────────┘    │
         │                 │              │
         │        ┌────────────────┐  ┌────────┐
         └────────│  フィードバック │  │ 妨　害 │
                  └────────────────┘  └────────┘
```

　上のやや精密なコミュニケーション・モデルでもなお省略されている要素がある．それらを見つけだすために，次の設問に答えよ．

設問85

　a．アルバイト先の店長に，客に対してもっと丁寧に口をきくよう注意された．このことは，何を意味するか．

　b．通行人に道を尋ねられたが，こちらは急いでいたので丁寧に教えることができなかった．このことは何を意味するか．

　c．個人的な問題でいらいらしていたので，友達がせっかく愉快な経験談を話してくれたのに，あまり話に乗れなかった．このことは何を意味するか．

　d．言葉によっては情緒的なニュアンスや，評価的なニュアンスがあるこのことは，コミュニケーションのどの部分に影響すると思うか．

　e．採用試験の面接のときとキャンパスで友達と雑談するときと，言葉遣いがすっかり違うのはなぜか．

　f．友達と喫茶店に入ってしばらく雑談でもしようと思ったが，冷房が効いていないうえ，通りの噪音が伝ってくるので，楽しく雑談するのにあまりいい環境ではなかった．この事実は何を意味するか．

g．「彼はお坊ちゃま育ちなのに私は庶民的な育ちなので話が合わなくて……」，という述懐は何を意味するか．

II-3. 話し手や聞き手の個人に内在する要因ならびにその場の影響を考慮に入れた精密なコミュニケーション・モデル

下に示す精密なコミュニケーション・モデルでは，II-1. の最も単純化したコミュニケーション・モデルにおいて，コミュニケーションに基本的に必須

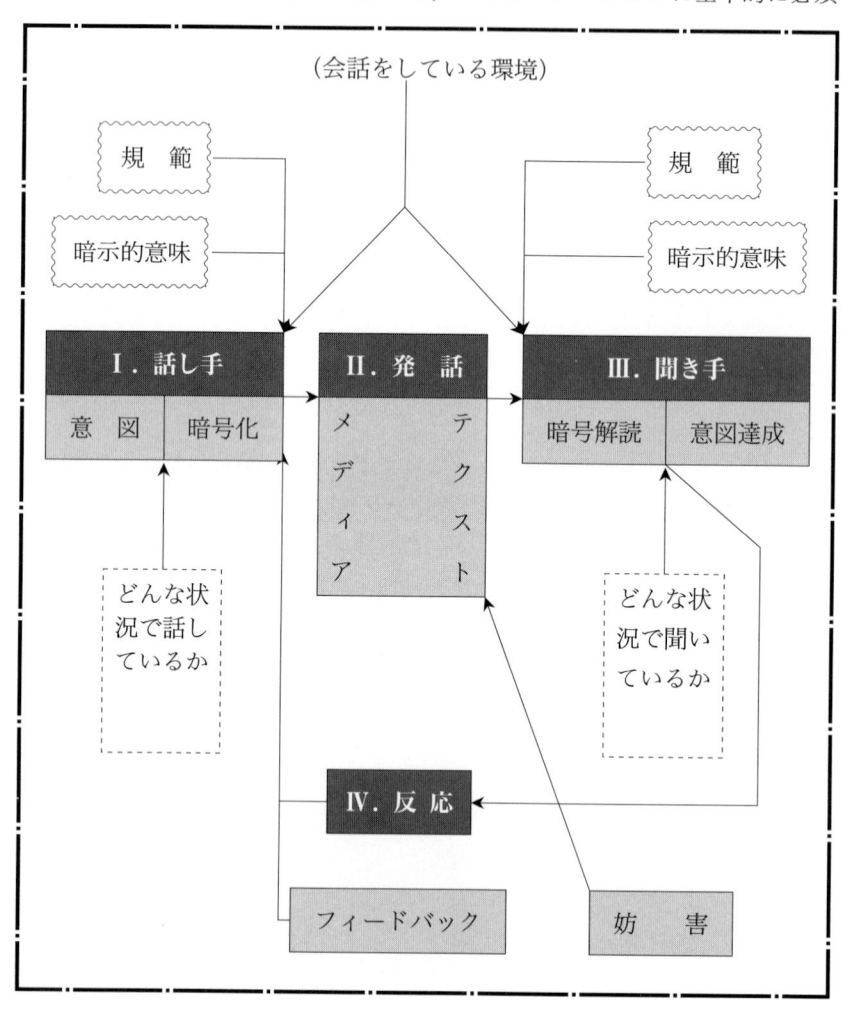

（会話をしている環境）

| 規範 | | 規範 |
| 暗示的意味 | | 暗示的意味 |

I．話し手	II．発話	III．聞き手
意図　暗号化	メディア　テクスト	暗号解読　意図達成

どんな状況で話しているか

どんな状況で聞いているか

IV．反応

フィードバック　　妨害

—114—

第9章　コミュニケーション

であると認められたⅠ.からⅣ.までの要素は ■ で示してある．さらに，Ⅱ-2.のやや精密なコミュニケーション・モデルにおいて，同じくコミュニケーションに不可欠的に関わってくると考えられるとして追加した要素は ■ で示してある．

　精密なコミュニケーション・モデルでは，まず話し手と聞き手が会話している物理的な環境を，コミュニケーションを囲い込んでいる最も外側の枠として設定した（鎖線で示す）．

　次に，話し手も聞き手も特定の状況に置かれてコミュニケーションに関与していると考えられるので，そのような状況が話し手にも聞き手にも及ぼす影響を図に描き込んだ(破線で示す)．そのような状況とは，話し手あるいは聞き手が置かれている生理的・心理的・情緒的条件と社会的条件，それに個人的な閲歴と経験の総和である．

　さらに，話し手が生産し聞き手が受け取る発話はパロールであるから，規範としてのラングから規制を受けている．また，話し手が生産し聞き手が受け取る発話に使われた単語には，外延的意味のほかに暗示的意味が備わっている場合が多いことをすでに習った(第5章　意味論)．この暗示的意味も話し手が発話を生産する際に発話に盛り込まれる．また，聞き手も発話を受け取る際に暗示的意味も同時に受け取る．規範と暗示的意味は，話し手と聞き手の言葉に関わる要因として，話し手ならびに聞き手の上に波線で囲んで示した．

設問86　下のマンガを見て，コミュニケーションモデルにさらに加えるべき要素を見つけ出せ．せりふは日本語に直すこと．

„Manchmal sehnt man sich als Junggesell furchtbar nach einem weiblichen Wesen, Fräulein Elvira!"

III. 言語的メッセージと身体的メッセージ

　ここまではコミュニケーションを意図を以て行われる相互行為の下位概念であると規定して，さらにその下位にある概念としての言語コミュニケーションに焦点をあてて考察してきた．つまり，一切のコミュニケーションは意図に基づいているという前提で話してきた．しかし，日常われわれが行っている，パートナーと顔と顔をあわせて行う**対面コミュニケーション face-to-face Kommunikation** では，そこで行われる相互行為のすべてがすべて意図に基づいているとは言い切れない場合が見られる．つまり意図に基づかないコミュニケーションというものもあり得る．コミュニケーションの定義は一つではない．本節ではそのことを考察しよう．

　対面コミュニケーションには，言語的手段のほかに，顔つきや表情 Mimik，声の調子 Stimmführung，身振りやしぐさ Gestik，姿勢や態度 Körperhaltung，身体の動き Körperbewegung，視線の交換 Blickkontakt，相手との距離の取り方 Raumverhalten などのような身体的手段が無意識のうちに関与している．身振りやしぐさのなかには社会的な約束事として意味が決まっているものも含まれるが，それらが投入される場合も意識的であるよりは無意識的であるのがふつうであろう．

　言語的手段が**言語的メッセージ sprachliche Mitteilung** を伝えるのに対して，身体的手段は**身体的メッセージ körperliche Mitteilung** を伝える．そして，我々の日常のコミュニケーションは，言語的メッセージと身体的メッセージが一体となって進められる．

　しかし，言語的メッセージと身体的メッセージはおなじくメッセージと呼ばれても，特徴は大きく異なる．

言語的メッセージの特徴	身体的メッセージの特徴
①話し手自身についても話し手以外の存在・事象についても伝えることができる．	①話し手自身についてしか伝えない．
②言語的メッセージの意味は社会的合意のうえに成り立っている．	②身体的メッセージの意味についての社会的合意の度合いは低い．

第9章　コミュニケーション

③外国語の言語的メッセージへと翻訳できる．蓄積もできる．法的証拠となる．	③翻訳不可能（言語の場合の「外国語」にあたるものがない）．蓄積も不可能．送り手が発した覚えはないとか，そんな意味ではなかったと言う場合が起こり得る．
④話し手の意志と意図にしたがって発せられる（そうでない場合もあるが）．	④話し手の意志や意図に関係なく発せられる（そうでない場合もあるが）．
⑤話し手が話し終わってから，反応が行われる．	⑤メッセージを受け取ることが即ち反応となる．
⑥どこがメッセージの始まりで，どこがメッセージの終わりかが明らかである．	⑥どこがメッセージの始まりで，どこがメッセージの終わりかが明らかでない．
⑦したがって，情報は一つ一つの輪郭がはっきりしている．	⑦したがって，情報は連続的に伝えられる．
⑧情報はデジタル式に伝えられる．	⑧情報をアナログ式に伝えられる．

　日常のコミュニケーションにおいて，聞き手が話し手の言語的メッセージをどのように解釈するべきかを，話し手が発する身体的メッセージが伝える場合がある．
　例えば，酒をすすめられた男が杯を取って酌を受けながら，「私はどうも下戸でして」と笑いながら言うならば，彼の笑いは，彼が実は口ほどには酒に弱くないことを伝えている．
　あるいは，医師から胃ガンの疑いを告げられた男が，診察室から出てきて，順番を待っていた同僚にむかって，「俺もそろそろ年貢の納め時だよ」と冗談めかして言いながら，目は笑っていないような場合．
　このような場合，身体的メッセージによってコミュニケーションが促進さ

れると言うことができる．コミュニケーションのためのコミュニケーションを**メタ・コミュニケーション Metakommunikation** という．それゆえ，このような身体的メッセージのはたらきはメタ・コミュニケーションの一例である．

設問87 下は山奥に逃げ込んで潜んでいる連続殺人犯「鬼熊」についてスクープの取材をしようとする新聞記者の坂本が，「鬼熊」に接触する場面の描写である．A．言語メッセージの部分とB．身体的メッセージの部分をそれぞれ書き出せ．また，ここで行われているメタ・コミュニケーションを説明せよ．
　「熊さんか．長い間苦労したな，疲れただろう」
　坂本が，ひきつれた声で言った．その語調には，恐怖を押えた阿(おもね)るような響きがあった．（吉村昭「下弦の月」）

設問88 芥川龍之介の短編小説「手巾」を読んで，作品中にどのようなメタ・コミュニケーションが描かれているかを述べよ．

Ⅳ．会話分析

　会話 Gespräch は言語コミュニケーションの最も基本的な形態である．そして，会話の特徴は話し言葉が**対話 Dialog** の形で使われることである．対話の反義語が**独白 Monolog** であることから分かるように，対話には二人あるいは二人以上の人間が参加し，しかも，同じパートナーがあるときは話し手となり，またあるときは聞き手となる．

　このような認識は，言語学ではいわば常識的な事柄として，長いあいだとりたてて注目を浴びることもなく，まして，会話が独自の研究対象となり独自の研究方法が導き出されるとは考えられもしなかった．

　しかし，言語学の注意が話し言葉にも向けられ始めると，ドイツでは1970年代から会話の研究が始まった．会話の研究は一般に**会話分析 Gesprächs-analyse** と呼ばれるが，ほかにも Konversationsanalyse/Dialoganalyse/Diskursanalyse / Dialogforschung という呼び方もある．Diskursanalyse は「談話分析」と訳されるが，会話分析のほかにテクスト分析やテクスト言語学の意味でも使われることがある．会話分析は，言うまでもなく，パロールにつ

いての研究である．

　会話というコミュニケーション行為は，普通，パートナーが時間と空間を共にしているが，電話の会話のように時間だけを共にして空間は共にしていない場合をも会話に含めるならば，往復書簡によるやりとりのように時間も空間も共にしない場合も会話に含めなければならないのではないか，という問題が生じる．

　この問題と関連して会話分析がとくに注目するのは，会話はどのように分類できるかという問題であるが，現在のところ世の中で行われているあらゆる会話をカバーできるような類型論はまだ打ち立てられていない．

　会話の単位を英語で **turn**「発言順」という．turn のドイツ語訳は Redebeitrag / Gesprächsbeitrag であるが，しばしば短縮して Beitrag と言われる．また，発言の順ばかりではなくて，会話における一回分の発言そのものをも意味することが多い．会話を組織立てるのは, **話者の交替 Sprecherwechsel：turn-taking** である．話者の交代は役割の交替でもある．二人きりの会話では話者の交替はスムーズに行われるが，多人数の会話ではパートナーのあいだに集中的な共同作業が必要である．そこで，会話分析がまず関心をむけるのは，パートナーがどのようにして発言順を手に入れるか，話者の交替はどのような形式に従って行われるか，いったん発言順を手に入れたパートナーの発言権はいつまで持続するのかといった問題である．

　話者の交替を引き起こすのは，**導入行為 initierender Akt** と **応答行為 respondierender Akt** である．例えば，パートナーが別のパートナーに質問を呈するのは導入行為である．質問を受けたパートナーは，答えることができるかどうかにかかわらず，何らかの応答行為をしなければならない．導入行為と応答行為は，質問と返事のほかにも，挨拶と返礼，お世辞とお返し，非難と対応，提案と承認ないしは修正のように対になっていることが多い．

　会話においてシグナルとして役立つのはパラ言語的な手段である．あるいは，言語的な手段であっても，たいていは短い．その大方は **不変化詞 Partikel** として分類される．かつて，言語の研究が書き言葉中心であった時代には，軽視されていたが，今日では，その機能の研究に大きな努力が払われている．

　機能の点から，二つに大分される．

①会話を存続させるのに使われる言語手段

　ａ．**話者シグナル Sprechersignal**：話し手が発言の途中で少し考え込ん

で休止するとき，発言を放棄したわけではないことをシグナルするのに**ポーズフィラー Pausenfüller** (*äh, öh, alsoo* など) が使われる。あるいは，おなじことをシグナルするのに上がりイントネーションで発言を中断したりする。あるいはまた，「まだ発言中だ」という言葉で中断をテーマ化する．

b．会話が途絶えるのを防ぐ：一人の発言が終わり，次の発言者が現れるまでに間があるときにも，先の発言者はポーズフィラーを投入して会話が途絶えるのを防ぐ．

c．理解を容易にする分節のシグナル：例えば „erstens..., zweitens..." など．

d．連続する二つの発言のあいだの**「緩衝地帯」Knautschzone**：話者が交替するとき，先の発言の終わりの部分と新しい発言の頭の部分が重なって，先の発言や後の発言の情報が一部失われることが起こるが，そんな場合に先の発言の終わりの部分あるいは後の発言の始めに情報に乏しい言葉が加わっていると，情報の喪失を防ぐことができる (*so irgendwie / ja also...* など)．

e．発言権をとにかく先取りする：まだ何を言いたいのか，どのように言おうとしているのか決まっていないのに，とにもかくにも話し始めるときも，情報に乏しい言葉で始める (*Ja, also / äh / ich meine halt / dazu wollte ich eben schon noch was sagen / nämlich...*)．

d．会話が沈滞したとき，場を救う：日常会話にはたんなる情報交換だけでなく，むしろ**社会的な関係 soziale Beziehung** を作り出したり保証したりするはたらきも期待されていることが多いことを考えると，一見内容に乏しく見える „jaja" とか „soso" もりっぱな発言であると言うことができる．

e．会話終了のシグナル：きまった言い方が用意されていることが多い (*oder ?/ ...nicht wahr ?/ ...wie findest du das ?* など)．あるいは，声をだんだん低くしたり，発話の速度をだんだん緩くするのもこの種のシグナルである．シグナルが相手のパートナーによって受け入れられると，会話は終了段階に入る．

f．聞き手フィード・バック **back-channel-behavior / Hörer-feedback / Rückmeldeverhalten** のシグナルとして：話し手が発言しているあいだ，聞き手は短いコメント的な言葉を挟む。これは，傾聴していることを示すシグナルである．

②メタ・コミュニケーションに役立つ言語手段

第9章　コミュニケーション

　a．文の形をしたもの：相手の発言について „Wie soll ich das verstehen?" 「それはどういう意味でしょうか」と問い返したり，自分の発言について „Das ist alles, was ich sagen wollte." 「これが私の言いたかったことのすべてです」とコメントを述べるのは，言語手段によるメタ・コミュニケーションである。

　b．ポーズ・フィラー：„Eduard kommt nicht." 「Eduard は来ない」は Eduard が来ないという情報の伝達であるが，„eh" を加えた „Eduard kommt eh nicht."「Eduard は，エー，来ないね」という発言はもはや Eduard が来ないという情報の伝達ではなくて，Eduard は来ないだろうという話し手の推測となる。と同時に „eh" は Eduard が来られないのには事情があって，その事情は話し手には分かっているのでこの推定には根拠がある，というシグナルでもある。

設問89　次の表現は連続する二つの発言のあいだの「緩衝地帯」として使われる。どれが先行する発言の末尾に使われ，どれが後行する発言の頭に使われると思うか。日本語でニュアンスを表してみよ。
　　a． ... finde ich einfach
　　b． ... nicht wahr ?
　　c． Äh, ich wollte sagen ...
　　d． ... gelt ?
　　e． also ich meine, daß ...

設問90　AとBが来週行われる会議のスケジュールについて長時間電話で話しあったあと，Aが „Gut, dann hatten wir wohl das Wichtigste." と言い，Bがこれを受けて „Ja, mehr lässt sich im Augenblick wohl nicht machen." と言ったとしたら，それぞれの発言は何をシグナルしているか。それぞれの発言を日本語になおしてみよ。

設問91　次のそれぞれの発言に使われた不変化詞はどのようなメタ・コミュニケーションのはたらきをしているか説明せよ。また，発言を日本語に訳してみよ。
　　a． Ihr kommt doch am Sonntag ?

b．Was machst du *denn*?
c．Das ist *nun mal* so!

V．会話におけるノンバーバルな行動のはたらき

　会話が行われている状況を組織立てるために，言語手段以外に**ノンバーバルな行動 nonverbales Verhalten** も関与している．ノンバーバルな行動はⅣ．で見た身体的メッセージと重なると考えてよい．ノンバーバルな行動とはコミュニケーションの手段の一つとして見たときの呼び方で，身体的メッセージというのはメッセージの種類として見たときの呼び方である．
　会話におけるノンバーバルな行動のはたらきは，二つに分けることができる．
　①話者シグナルとして：会話が進行しているあいだに発言している者が発するシグナルは，発言している者の意図と関係している．発言している者は，中断されるおそれがない場合でも，発言している者としての役割を奪われまいとして，聞き手の目をじっと見る．逆に，中断されそうになると防御策として声を高くする．また，発話を終えようとしていることをシグナルしようとして，声をだんだん低くしたり，発話の速度をだんだん緩くしたりする．
　対面状況 face-to-face Situation では，ノンバーバルな行動が会話の終了段階に入ったことをシグナルするほうがむしろふつうである．例えば，それまで脇に置いてあったカバンに手を伸ばすとか，それまで吸っていたタバコをもみ消すとか．
　②聞き手フィード・バックのシグナルとして：会話分析の初期には聞き手は受け身的であると考えられ，軽視されていたが，研究が進むにつれて，聞き手が会話においてきわめて能動的な影響力を持っていることが明らかになってきた．会話の流れのなかにおける聞き手のフィード・バック行動のうち，傾聴していることを示すシグナルの主なタイプは二つあるが，どちらもノンバーバルなシグナルである．
　a．発言している者にときどき視線を当てる，あるいは
　b．体を発言している者のほうに向ける
である．
　また，内容に対する態度（同意，疑い，緊張など）を伝えるシグナルもまた，大方はノンバーバルなシグナルである．主だったものは，

第9章　コミュニケーション

　　a．うなずいたり，首を横に振ったり，あるいは
　　b．笑顔で対しかつ笑う，あるいは，笑顔で対するか笑うかする．

設問92　ある家庭でのパーティで，話題が私の専門に及んだとき，主人は私の名を呼んで，私をじっと見ながら促すように頷いた．この二つのノンバーバルなシグナルは何を意味しているか．

設問93　Was bedeutet, wenn ein Hörer beim Rundgespräch mit dem gespannten Gesichtsausdruck und mit dem leicht geöffneten Mund nach vorne lehnte?

第10章　社会言語学

Ⅰ．社会言語学という名称

　"Sociolinguistics"という名称は1952年に初めて登場したと言われている．日本語に訳するとしたら，「社会言語学」となる．ドイツ語でもSoziolinguistikという．社会学を表すSociology/Soziologieと言語学のLinguistics/Linguistikを足して作った名称であることは一見して明らかであるが，どのような学問であるかはあまり明らかであるとは言えない．それは，Sociolinguisticsという名称が生まれたときから，Sociolinguisticsは"Sociology of Language"（言語の社会学）とどこが違うのかがはっきりしないからである．

　"Sociology of Language"なら，Sociologyの一種であって，いかに特殊であろうと，まぎれもなく社会学に属する．一方，"Sociolinguistics"は，前にどんな限定語をかぶせていようとLinguisticsを幹語とする合成名詞である以上，言語学の一種でなければならない．

　言語を研究する立場にもいろいろあるが，言語がコミュニケーションの手段である以上，言語がもともと社会と関わっているのは自明である．その意味では，あらゆる言語研究は社会的視点を多かれ少なかれ持たざるを得ない．例えば，日本語の敬語は人間の社会的関係を基準とした言葉遣いのルールのことであるから，敬語の研究には社会的な視点は欠かせない．単語の生成と消滅も社会の発展と結びついている．それならば，わざわざ「社会言語学」という名称を用いるにはおよばないのではないか，という疑念が読者の念頭に浮かぶかもしれない．

　その疑念は一面ではもっともであるが，しかし他面では，今日，社会という視点をとりわけ重要なよりどころとして言語の研究を行おうとする姿勢が言語研究においてますます強くなってきていることも否定できない．そのような研究を呼ぶのに「社会言語学」という名称を取っておこうという考えがあってももっともである．そういう考えが支持される時代の流れを反映してか，「社会言語学」という呼び方はいつとはなしにすでに一般化してしまった．

　しかし，「社会言語学」という名称がしきりに用いられ始めた60年代は，

「造反有理」という言葉で象徴される，あらゆる体制批判が盛んに行われた時代であって，「社会言語学」という名のもとになされたいろいろな主張は，この思潮に強く結びついていたことを忘れてはならないだろう．

II. ケーススタディとしての社会言語学的研究

初期の社会言語学的研究は，B. Bernstein の研究を見ても分かるように，実態の調査に基づいて仮説を立てることに力を注いだ．この実証的な態度は評価できる．けれども，研究が実証的であっても，研究の結果得られた仮説を単純に一般化することは危険を伴う．仮説が普遍妥当性をもつかどうかは慎重に検討しなければならない．もしこの検討をおろそかにしてしまうと，仮説は一種のイデオロギーのようになってしまう．

他方，仮説がイデオロギーにまでなってしまうことを恐れて，仮説を立てることで研究を終えて，仮説の普遍妥当性を求めないでおくと，その研究は事例の研究，つまり「ケース・スタディ」になってしまう．社会言語学的研究にはケース・スタディ的な研究も多く見られる．「ケース・スタディ」をいくつか紹介しよう．

アメリカの J. Fishman は，ニューイングランド諸州へヨーロッパからやってきた移民集団のドイツ語/フランス語について，また，アメリカ南西部へやってきたメキシコ人/ロシア人のスペイン語やウクライナ語について，集団のサンプルを作って調査した（1966年）．

移民は，アメリカ合衆国へ移民してきたのち，英語に切り替えてしまうか，それとも，あくまでも自分たちの固有の言語を保持し続けるかどちらかである．そのような言語選択の決定は，移民してきてから何世代目に行われるだろうか．そして，英語へ切り替える**言語切替 language shift** にせよ，固有の言語を保持する**言語保持 language maintenance** にせよ，その動機は何だろうか．

Fishman の研究によると，移民が英語への切り替えるかそれとも言語保持を決心するかを選択決定する時期は，移民後の第3世代である．そして，選択決定の際の最も大きい動因は，彼らのアメリカ合衆国にたいする意識である．自分たちがアメリカ合衆国に統合されていると感じている者は英語に切り替え，自分たちがアメリカ合衆国で孤立した少数者であると感じている者は固有の言語を保持し続ける．

Fishmanはこの結論をさらに一般化してアメリカ合衆国への移民全体へと拡大して当てはめることはしなかった．それゆえ，ケーススタディに数えておく．
　カナダでは英語とフランス語が併用されている．W. Lambert は，英語を話すカナダ人が英語にどんな価値を結びつけ，フランス語を話すカナダ人はフランス語にどんな価値観を結びつけているかを，言語の実験で実証しようとした（1967年）．
　被験者に英語の録音とフランス語の録音の両方を聞かせて，それぞれの録音者がどんな社会的身分でどんな人柄と思うか，推量させた．すると，英語話者は，「英語を録音した人のほうが，背も高く，外見もより立派で，より知的で，より信頼できて，より親切で，より名誉を重んじるタイプで，より人格がすぐれていると思う」と述べた．そして，フランス語話者は，「フランス語を録音した人のほうが，親切さと敬虔さの点でよりまさっていると思う」と述べた．
　しかし，実際には英語の発話もフランス語の発話も同一人が録音したのであった．にもかかわらず，英語話者は英語話者で，自分たちが話している英語をこのような美徳と結びつけて考えていた．そして，フランス語話者はフランス語話者で，自分たちが話すフランス語について上のような観念を抱いていた．
　この研究も，二言語併用地域における話者の言語価値観の比較として興味深いが，それでも，結論をどこまで一般化できるかおぼつかないので，やはりケーススタディに数えるのが妥当であろう．
　W. Labov は，マサチューセッツ州のマーサズビンヤード島の住民の言語習慣を研究した(1966年)．島では，1930年ごろから，そこで話されている英語の複母音［ei］が［ai］と，［ou］が［au］と同化し始めた．母音体系の一部が変化し始めたわけであるから，この変化はやがて島全体の住民に等しく行きわたると考えられたが，現実は予想どおりにはならなかった．島の住民は四つのグループに分かれていた．すなわち，A. 元から住んでいた英国系住民，B. ポルトガルからの移住者，C. インデアン，D. 最近移ってきた「新移民」（素性はさまざま）．元から住んでいた英国系住民 A. は，とりわけ彼らのうちの中年以上の世代は，当然のことに，変化を受け入れなかった．他のグループはもともと英語話者ではないか，よそから移ってきた人たちであるから，

一様に変化を受け入れてもおかしくないのであるが，実際には，ポルトガルからの移住者 B. が同じように保守的な態度を示した．とりわけ彼らのうちの若い世代が——本来，若い世代は言語をはじめとして，あらゆる新しい傾向をすすんで受け入れるものであるのに——言語の変化にたいして保守的であったのは注目に値した．

　Labov はその理由を次のように説明している．元から住んでいた英国系住民 A. は代々漁業を営み，島では主導的な地位にあった．ところが，漁業だけでは食っていけなくなり，観光客相手の商売に転向し始めた．島で「第二位」の存在であったポルトガルからの移住者 B. にとって，それは島の伝統を捨てることを意味し，横から見ていて腹立たしい現象であった．そこで彼らは，自分たちが島の伝統を継承していかなくて誰がその任にあたるのかという自負を抱いた．この自負が無意識のうちにはたらいて，ポルトガルからの移住者に，とりわけ彼らの若い世代に，昔からの発音を固持する態度をとらせたのだ．

Ⅲ．B. Bernstein と欠損仮説

　社会言語学は60年代に英国において始まった．とりわけ B. Bernstein の学説から始まったと言ってよい．

　彼が注目したのは，比較的経済力の豊かな中流階層 Mittelschicht に属する人間と比較的経済的に恵まれない下流階層 Unterschicht に属する人間とでは，言葉の扱い方も言葉に対する態度も異なっている，という事実であった．

　彼によると，中流階層に属する人間は，相手に事態を説明するのに言葉を選び，言葉を尽くして事柄が起こった場面をわからせようと努める．言い換えれば，相手が自分の説明で事態を呑み込み，納得するように言葉を使おうとする．それは，相手がどんな場面で起こった事柄なのかを知らないことを前提にし，相手と自分とでは日常の経験が異なっていてあたりまえだと考えているからである．

　これに反して，下流階層に属する人間は，事柄の起こっている場面はもともと相手にも始めから分かっていることを前提として話をしようとするので，説明に言葉を尽くしたりしない．むしろ，場面は相手にも分かっているものとして，できるだけ省略しようとする．言葉を選ぶ努力などはなおさら

しない。それは，彼らが日常生活における場面を互いに知り尽くしており，経験を共有している仲間だけを相手として話すのが普通の状態だからである。場面を知っていれば自ずから分かるような事柄は，言葉による説明からどんどん省いてしまう。説明の過程にはあまり重きを置かず，結論を伝えれば足りるのである。

　このような違いは，上品な話し方とくだけた話し方というような違いで尽きるものではない。コミュニケーションの手段としての言語をどう扱うか，という言語行動の違いである。そこで，Bernsteinはこの違いは，中流階層も下流階層もともに英語を話しているにもかかわらず，**コード Kode** が違うのだと説明した。

　コードとはもともと暗号の意味である。同じ事態を叙述するのでも，中流階層の人間と下流階層とでは投入する言語記号も違うし，言語記号の組み合わせ方も異なる。それぞれ階層によって定められた暗号帳にしたがって言語記号を投入し組み合わせなければならない。Bernsteinは，中流階層の人間が使うコードを**精密コード elaborierter Kode**，下流階層の人間が使うコードを**制限コード restringierter Kode** と名づけた。

　Bernsteinはまた，コードの違いは大人が子供に接する態度の違いにも結びついていると主張した。すなわち，精密コードの使われる言語共同体では，子供を幼いころから一個の人格として扱い，制限コードの使われる言語共同体では，子供が幼いころから子供に家庭内・集団内での子供の身分に合致した振る舞いと態度を押しつける。

設問94　下はバスの中での母子の会話であるが，制限コードの実例としてよく引用される。母親の言葉遣いのどこに制限コードの特徴が現れているか指摘せよ。また，自然な日本語になおしてみよ。

　　　　Kind : (quengelt im Bus)
　　　　Mutter : Sei ruhig!
　　　　Kind : (quengelt weiter)
　　　　Mutter : Ich habe gesagt, du sollst ruhig sein.
　　　　Kind : (quengelt weiter)
　　　　Mutter : Also halt jetzt den Mund, oder es setzt was!
　　　　Kind : (spielt an einer fremden Tasche)

Mutter : Lass das !　Das tut man nicht.（nimmt die Hand des Kindes weg）

設問95　中流階層の母親なら，自分の子供が上とおなじようにバスのなかで駄々をこねたら，どのように対応すると思うか．母親が言うと思われるせりふを日本語で述べてみよ．

　ところで，学校は精密コードを使って教育を行うことを根本方針としているので，制限コードを使って大きくなった子供は，学校教育のなかで立ち後れる．あるいは，落ちこぼれる．結果として，下流階層の子供たちの上級学校への進学率は中流階層に比べて低い．それは，制限コードの環境で育った子供たちの言語行動には欠損があるからである，というのが Bernstein の指摘である．やがて，彼の指摘は**欠損仮説 Defizithypothese** と呼ばれるようになり，ドイツやアメリカでも大いに受けた．
　下流階層の子供の言語に欠損があるという考えから，社会としてその欠損を補償するべきであるという考えが生まれた．そして，一時期，とくにアメリカでさまざまな**補償言語教育 kompensatorische Spracherziehung** のためのプログラムが考案され実施された．
　けれども，これらの補償言語教育プログラムは成功しなかった．というのは，下流階層の子供の言葉遣いを一時的に修正することはできたものの，下流階層の子供たちにかえって心理的な抑圧を加える結果になったからである．下流階層の子供たちは，学校から帰って自分たちの本来の言語環境に入ったとき，疎外されてしまった．また，小さい頃から覚えてきた言葉にはどこか欠陥があると思いこんでしまったのであった．
　そのような次第で，Bernstein の理論は評価されなくなっていった．と同時に，別の理論が彼の説に対する批判として提出された．それが差異仮説である．

Ⅳ．**W. Labov** と差異仮説

　Labov は，Bernstein の考えをとくに次の二点で厳しく批判した．
　① Bernstein は，下流階層の子供と中流階層の子供とでは，使う文法手段が異なるのにすぎないのに，論理的に分析する能力に差があるのだと考えてい

る.

　②下流階層の子供たちに中流階層の教師の言葉遣いを覚えさせたなら，下流階層の子供たちも論理的に考えることもできるようになり，ひいては国語も数学も成績が上がると決めつけている．

　要するに，Bernstein の欠損仮説が中流階層の言葉遣いを標準的であると認め，規範扱いしたことが批判されたのであった．

　Labov は中流階層の子供と下流階層の子供のあいだに較差があるとは考えない．あるのは相違だけだと考える．すなわち，下流階層の子供は中流階層の子供ほど上手に自己表現できないのではなくて，中流階層の子供とは別の自己表現の仕方をするに過ぎない．これが Labov の主張が**差異仮説 Differenzhypothese** と呼ばれる理由である．

　現実に差異仮説でもってしか扱いにくい問題がある．それは，ドイツにおける外国人労働者の子供の言語問題である．彼らは，家庭ではイタリア語やギリシア語を話すが，外でよその子供と遊ぶときにはその土地の方言を話し，ドイツ人労働者の子供の特有のドイツ語も話し，学校では耳慣れない標準ドイツ語に囲まれて生活しているが，教師はだれ一人として子供たちの言葉を高くは評価してくれない．そして，ブロークンなドイツ語しか話せない彼らは，言語的に能力が劣り，知能に欠陥があり，下流階層に属していると見なされている．当然，教師から見れば，これら外国人労働者の子供のドイツ語は改善されることが望ましいし，改善されなくてはならない．

　ところが，外国人労働者のドイツ語は，彼らがもっと長い間ドイツで働けばだんだんと改善されて行く中間段階にあるのではなくて，学校教育によらないで自然に習得してきた最終段階にある言語形態なのである．したがって，ドイツ語の変種の一つだと考えなければならない．外国人労働者のドイツ語の誤りは，早くドイツ語が話せるようになろうとして母語の干渉を受けた結果なのである．

　このような考えに立つと，中流階層の言葉遣いに慣れた教師たちにむしろ教育をほどこして，下流階層の子供たちの言葉はたんに彼らに耳慣れないだけであって，役に立たない言葉であるとか，まして欠陥のある言葉だとか考えてはならないことを十分に理解させる必要があるという結論になる．

Ⅴ．差異仮説の問題点

　社会に存在するさまざまな集団が話す言葉は外形上はさまざまに異なるものの機能的には優劣がない，という差違仮説の考え方は，一見，公平に見えるが，実はそうではない．

　言語が機能を果たしているかどうかを判断しようと思えば，どういう場面で話されているかを考慮にいれて，言葉遣いがその場面の要求に完全に応えているかどうかで判断しなければならない．ところが，このようなその場の要求というのは一種の社会的規範に従ったものなのであるから，結局，機能だけを判断すると口では言いながら，実は社会的規範に合致しているか否かを判断しているのである．しかも，社会的規範は社会における強者の規範に他ならないから，社会的規範を基準にして判断するということは，社会を支配している者の価値判断を押しつけているのと同じであるとさえ言えるのである．

　社会的規範は，言葉を使う者が好むと好まざるとにかかわらず，強制力を持っている．社会で成功しようと欲する以上は，社会的規範に合致するよう努めなければならないから，社会的規範は言葉の使い手にとって**言語障壁 Sprachbarriere** となる．つまり，欠損仮説が言語障壁の存在を指摘せざるをえなかったように，差異仮説もまた，言語障壁ならざる「社会的障壁」の存在を無視することはできないのである．

Ⅵ．社会言語学の諸分野

　個人は社会のなかで集団に属している．しかも，一人の人間が何重にも複数の社会集団に属している．そして，個人はそれぞれの集団のなかでそれぞれ特有の言語生活を営んでいる．社会言語学は，このような個人のあり方と個人の言葉遣いの関係をとくに取り上げて問題にする．

　社会言語学が認めている，社会のなかで個人が所属する集団には次のようなものがある．そして，それぞれの集団にたいして言語のバラエティが対応している．

　　①地域　　　　　　　　──方言
　　②社会階層　　　　　　──コード
　　③職業　　　　　　　　──専門用語・職業語
　　④サブカルチャー・周辺集団──特殊語

⑤政治的集団・宗教的集団　　──イデオロギー言語
⑥性　　　　　　　　　　　──女性語・男性語
⑦年齢　　　　　　　　　　──若者ことば・各世代別言語

方言 Dialekt が地理的な言語のバラエテイを指すのに対して，社会集団に特有の言語のバラエテイは**社会集団語 Soziolekt** と呼ばれる．社会集団語の数は社会集団を細かく設定すればするほどふえてゆく．家族ですら社会集団ということができるから，もし家族特有の言葉遣いがあれば，その言葉遣いは一つの社会集団語である．

職業集団が使っている**専門語 Fachsprache・職業語 Berufssprache** の主だったものは，技術者用語，科学用語，官庁用語，スポーツ用語などである．これらに共通する特徴は，専門家たちが時間と労力の無駄なく正確にコミュニケーションすることを助ける機能第一の言語だということである．したがって，用語の定義がきちんと決まっていて，形式化されており，業界の標準語としての性格をもっている．

専門語・職業語の語彙には外来語や人工語が多く，長い造語も多い．しかも，文の主語に人間よりも事物が選ばれたり，名詞構文が好まれたり，文型が単純であったりする．テクストとしては，論理的なつながりが重んじられ，図表が多く挿入されるという特徴がある．

特殊語 Sondersprache は，社会から差別を受けたり，自ら社会と隔絶しようとする少数派の言語である．それゆえ，一般人にたいして秘密になっていることが特徴である．**隠語 Geheimsprache** と呼ばれるのはそのためである．古くからゲルマニスティクの一環として研究されてきたのは，泥棒の仲間言葉，売春婦の仲間言葉，兵隊同士の内部だけで通用する言葉など．

各政党の綱領や政策，宗教団体のプロパガンダのパンフレットなどは**イデオロギー言語 ideologische Sprache** に満ちている．それらは，もっぱら制作者のイデオロギーの立場から一方的に書かれているからである．過去におけるイデオロギー言語の研究で最も有名なのは，ナチスの言語に関する研究である．

ドイツ語に関しては，ここ20年ほどのあいだに**女性の言葉遣い Frauensprache** に関する研究──いわゆる**フェミニズム言語学 feministische Linguistik**──が進み，いろいろなレベルにおける事実が明らかになりつつある．いくつかを列挙すると，①女性独自のイントネーションがある．②日常

生活で用いる語彙は男性のものとは異なっている．③書く文は比較的短く，構文は話し言葉に近い．④会話で男性ほどは長く喋らない．⑤ich や wir を主語にすることが多い．⑥ tag-question「付加疑問」を挟むことが多い．これらの特徴は，生物的な条件によってよりは，社会的な条件によってもたらされた．

　ドイツ語では，若者の言葉遣いには，一般の人々，とりわけ社会を担っている中年層の言葉遣いとことさらに対照的であろうとする傾向が強く認められると言われる．そのため，**若者ことば Jugendsprache** を特殊語に数える研究者もいるほどである．そのめまぐるしいほどの変化や衰退の早さも特徴である．ともあれ，若者言葉の素材がどこから採られているかということや，語彙における比喩や言葉遊びや誇張などの傾向を調べるのは興味深い．

設問96　下は Gross/Fischer が別の研究書から引用している盗賊仲間の言葉で書かれた手紙の一節（1900年）とそれの標準ドイツ語訳である．標準語訳を日本語になおしてから，二つのテクストの語彙を対照してみよう．

Lieber Collex, an den ich Naches!
Daß ich letzten Kiesow- und Mooskuppen――Masematten mit Sore, Tandel und Masse Porum treefe verschütt geworden : durch Flammertin von Balmischpeet gebumst.
Ein leffer Ganeiwe aber kein Maure. Als Schien beileile geglitscht kam Paschulka mit Achelputz ließ Deele auf, ich türmte Khan Palmer vorbei und masel toof bevor Jomschmiere kam und koffscher. Paloppen, Greiferei, ganze Polente in Dampf. …
(Lieber Kollege, an dem ich Freude habe!
Daß ich bei dem letzten Silber- und Geldschrankdiebstahl mitsamt dem Diebesgut, Schlüsseln und Schrankzeug abgefaßt und festgenommen worden bin, ist Dir bekannt. Durch den Lichttropfen auf meinem Stiefel hat mich der Untersuchungsrichter überführt.
Ein herzhafter Dieb hat aber keine Angst. Als der Aufseher des nachts zuletzt revidiert hatte, kam bald der Kalfaktor mit dem Essen und ließ die Zellentür und das Tor offen. Ich flüchtete im

günstigen Augenblick aus dem Gefängnis an der Schildwache vorbei und kam zum Glück frei, bevor der Tagesaufseher eingetroffen war. Schutzmänner, Kriminalisten und die ganze Polizei werden in großer Aufregung gewesen sein. …)

設問97　今までもっぱら男性によって占められていた職域に女性が進出し始めたが，職業名や肩書きは男性形のままのことが多い．また，今までもっぱら女性によって占められていた職域に男性が進出し始めたため，新しい名称が考え出された．

　a．下の職業名や肩書きは女性に適用するときはどのような解決策を用いているか．辞書で調べよ．

　Kaufmann, Tierarzt, Professor, Doktor, Geschäftsmann, Pilot, Minister

　b．下の職業名の意味を調べ，かつてもっぱら女性によって行われていた頃の名称と比べよ．

　Entbindungshelfer, Raumpfleger, Krankenpfleger, Krankenpflegehelfer, Erzieher

設問98　下は，明治時代に金沢市から離れた土地の小学校で起こった小さな出来事を描いた一節である．この出来事は社会言語学的にみて興味深い．次のそれぞれの問に答えよ（［　］の中は著者が説明のため補った）．

　　［人の］輪のまんなかに，色の白い，絣(かすり)の着物を着た男の子が立っている．見たことのない生徒［三年生か四年生］だから，よそから転校してきた生徒なのだろう．

　　その生徒は，あおくなってきょろきょろしているらしい．

　　　　　　　（中略）

　　「おまえ，わが身のことを『わし』っていうたんか．」

　　さっきの生徒［五年生か六年生］がなじるようにきく．

　　「うん……」と少年が答える．

　　「ふむ……」といったが，詰問したほうは，そこで詰まったらしい．

第10章　社会言語学

　　　　　（中略）
「おまえ，金沢から来たんじゃってか．」とまたさっきの生徒がきく．
　「うん．」と同じ調子で少年が答える．
　　　　　（中略）
「あしたから，『わし』っていうたら承知せんぞ」

　　　　　　　　　　　　　　　　中野重治『梨の花』

a．どういう事実が出来事のきっかけか．
b．その事実をめぐって二つの見解が対立している．どういう見解とどういう見解か．
c．この見解の対立が「社会的」であると言える理由は何か．

第11章　言語の定義

　第5章で Saussure の言葉を借りて言語を「記号の体系」であると定義した．すなわち，„Die Sprache ist das primäre System von Zeichen." である．ここで „primär" とは „ursprünglich/grundlegend" の意味である．そして，それ以外には言語の定義を示さなかった．しかし，言語の定義はこれに尽きるわけではない．このほかにも言語を定義することは可能である．とりわけ，上の定義は「体系」という言葉を使っていることから見て取れるように，ラングの面から見た言語の定義である．すると，パロールの面から見た言語の定義もありうるはずである．

　語用論ないしは実用論の立場に立てば，言語はコミュニケーションの最も重要な手段であるのは確かであるから，„Die Sprache ist das wichtigste Kommunikationsmittel." と定義することができる．

設問99　言語のラングとしての面とパロールとしての面を一つに合わせた言語の定義を述べよ．

設問100　コミュニケーションはシンボルを用いた相互作用であった．そして，言語コミュニケーションはコミュニケーションの一種である．いま言語コミュニケーションを「言語」と言い換えて，この観点から定義を述べよ．

設問101　発話行為理論によれば発話することは行為することを意味した．それゆえ，言語は行為の形式の一つでもある．「の一つ」という点に留意したうえで，この観点から言語を定義してみよ．なお，この場合，発話はパートナーに向かって行う行為であるから，そのことを表すのに „sozial" という限定が必要である．

　行為とは規則によって制御される習慣であるとも見ることができる．その

第11章　言語の定義

場合は，„Die Sprache ist eine Menge von Gewohnheiten."という定義が成り立つ．„Menge" とは「集合」である．おなじ „Menge" を使っても，Chomsky は言語を „Die Sprache ist eine Menge von Sätzen endlicher Länge aus einer endlichen Menge von Elementen." と定義している．

設問102　上の Chomsky の定義を日本語になおしてみよ．

　また，言語と思考ならびに行為が切り離せないほど密接に関係しあっており，しばしば思考ならびに行為が言語の助けなくしては成立しない点に着目すれば，„Die Sprache ist ein Werkzeug des Denkens und Handelns." とも言うことができる．

設問103　„Die Sprache ist die unmittelbare Wirklichkeit des Gedankens." という K. Marx のことばはどういう意味だろうか．

　言語の起源という立場に立てば，また自ずから言語の定義は上のいろいろな定義とは異なってくる．

設問104　次の二つの定義をそれぞれ日本語になおせ．
　　a．Die Sprache ist ein aus den Bedürfnissen des gesellschaftlichen Lebens hervorgegangenes System von lautlichen Zeichen.
　　b．Die Sprache ist ein Mittel zur sozialen Beeinflussung, das insbesondere die Wahl von Sexualpartnern optimiert.

第12章　ドイツ言語学とゲルマニスティク

　第2章の音韻論から第10章の社会言語学にいたるまで，ドイツ語をラングとして，あるいはパロールとして研究しようとするのにどのような理論や分析方法があるかを紹介してきた．ドイツ語をラングとして，あるいはパロールとして研究しようとする言語学の分野は**ドイツ言語学 germanistische Linguistik** と呼ばれる．ここで „Linguistik" に添えられた付加語形容詞 „germanitisch" は名詞 „Germanistik" からの派生であるが，独和辞典で「独語独文学研究」とか「ゲルマン学」とか訳されているゲルマニスティク Germanistik とはいったいどんな学問であろうか．

　広義のゲルマニスティクは，ゲルマン人ならびにゲルマン人の文化──歴史・言語・風習・宗教・経済・法律・芸術・文学──についての学問を意味し，狭義のゲルマニスティクは，法学の分野ではゲルマン民族の法律についての学問を，文献学の分野ではゲルマン人の言語ならびに文学についての学問を意味する．そして，ふつうゲルマニスティクと言う場合は，最後の意味のゲルマニスティク，つまりゲルマン人の言語ならびに文学についての学問という意味で使われる．

　文献学としてのゲルマニスティクは，16世紀のドイツで人文主義者たちのあいだで始まった（J. Wimpfeling, C. Celtis）．やがて，ゲルマン人の文学作品の刊行が始まる．1663年には，J. G. Schottel がはじめてドイツ語の歴史についての言語哲学的な視点からの考察を公にした．『ニーベルンゲンの歌』の全テクストが刊行されたのは1782年のことである．1774年から1786年にかけて，J. Ch. Adelung が最初のドイツ語大辞典を刊行する．J. G. Herder は，国民史的な観点から言語と文学を考察する道を拓いた．

　ゲルマニスティクが「ドイツ的なるものについての学問」として確立されたのはとりわけ Brüder Grimm の功績である．なかでも，兄の Jacob Ludwig Karl Grimm (1785-1863) は古代ゲルマン民族をゲルマニスティクの研究対象とした（*Deutsche Rechtsaltertümer* [1828], *Deutsche Mythologie* [1835]）．また，彼はゲルマン人のすべての方言を扱う *Deutsche Grammatik* (1819-

1837) を著した．

　最初の浩瀚な「ドイツ文学史」の記述である Geschichte der poetischen Nationalliteratur der Deutschen, 5 Bde. (1835-1842) をもたらしたのは歴史家の G.G. Gervinus (1805-1871) である．K. Müllenhoff も Deutsche Altertumskunde (1870-1920) を著して，「ドイツ的なるもの」への志向をさらに決定づけた．

　Geschichte der deutschen Literatur (1883) を残した W. Scherer (1841-1886) 以降，19世紀末には，文学史研究・文学研究が言語史研究から分離してますます独立性を増す．平行して英語英文学研究 Anglistik が，遅れて北欧語北欧文学研究 Nordistik / Skandinavistik がゲルマニスティクと並ぶ独立した学問分野として認められる．ここに至ってゲルマニスティクはますます「ドイツ語学文学研究」の性格を鮮明にしたのである．

　この「ドイツ語学文学研究」の内容は，1960年代までは，中世研究 Mediävistik（中世のドイツ語ならびに文学を研究する）とドイツ近代文学研究 neuere deutsche Literaturwissenschaft（16世紀以降のドイツ文学の研究）とから成り立っていた．そして，中世以降のドイツ語に関わる言語学の問題は中世研究によって引き受けられていた．例えば，現代ドイツ語の文法は中世研究の分野で扱われていたのである．

　しかし，時とともに構造主義言語学が盛んとなり，勢いを得てゲルマニスティクを始めとする個々の文献学——英語英文学研究，ロマン語ロマン文学研究 Romanistik，スラヴ語スラヴ文学研究 Slavistik など——のいずれの領域でも導入されると，構造主義に立脚する言語研究をもはや中世研究の一分野に収めておくことはできなくなってしまった．そして，およそ 1970 年代に新しい第三の専門分野としてドイツ言語学 germanistische Linguistik が成立したのである．

　こうして，今日では「ゲルマニスティク」は三部門に分けられる．すなわち，①言語学 Linguistik，②中世研究 Mediävistik（中世のドイツ語ならびに文学を研究する），③ドイツ近代文学研究 neuere deutsche Literaturwissenschaft（16世紀以降のドイツ文学を研究するが，しばしば文学理論も，そしてときには文学をも含む）．

　Linguistik と Sprachwissenschaft は同義語である．しかし，近代言語学，とくに構造主義言語学を指すときには，伝統的な言語学と区別するために

Linguistik が使われる．Linguistik はドイツ人にとっては外来語であり，Sprachwissenschaft はわれわれが言う国語であるから，Sprachwissenschaft のほうがドイツ人にはなじみがあると言える．ただ，国際的な理解を得るのは Linguistik のほうが容易であり，それゆえに好まれる．

設問105　K. Lachmann の業績をドイツ語の百科事典で調べよ．

設問106　下は F. v. Schlegel の業績についてのあるドイツ語百科事典の記述の一部である．ゲルマニスティクの歴史における Brüder Grimm の業績と関連させて読むとき，どういうことが明らかになるか．

　　Die in Wien 1810-1812 gehaltenen öffentlichen Vorlesungen, besonders >*Geschichte der alten und neuen Literatur*< (2 Bde., 1815), stellen den Gipfel seines späteren literarischen Wirkens dar; sie betrachten die Nationalliteraturen als die Entfaltung organisch-individueller Ganzheiten.　(*dtv Lexikon*)

設問の解答例

設問 1
Fin-ger, flie-hen, Herbst, Ver-bin-dung, Er-zie-hungs-mi-ni-ste-ri-um, Ge-schich-te, lang-wei-lig

設問 2
[ˈfɔrtʃrɪt] [ɪst] [diː] [fɛrˈvɪrklɪçʊŋ] [der] [utoˈpiːən] 進歩とはユートピアの実現である．

設問 3
a． Man muss aus der Not eine Tugend machen.　禍を転じて福となす．（ことわざ）

b． Eines Vaters Kind, einer Mutter Kind, und doch keines Menschen Sohn.　父の子供，母の子供，だのに人間の息子ではない．（なぞなぞ）

設問 4
／g／,／ʒ／,／g／,／j／,／dʒ／,／ʒ／,／x／
gという文字は2個の，jという文字は4個の異なる音声を表す．

設問 5
Kuh [kuː] に含まれる子音 [k] と Kiel [kiːl] に含まれる子音 [k] は，音声学の立場から言えば，別の音声である．しかし，この違いは意味の区別にとって何のはたらきもしていない．それゆえ，同一の音素／k／として扱う．

設問 6
[s]：調音位置では歯音・調音様式では摩擦音・無声
[p]：調音位置では両唇音・調音様式では破裂音(閉鎖音)・無声
[h]：調音位置では声門音・調音様式では摩擦音・無声
[tʃ]：調音位置では歯茎音・調音様式では破擦音・無声
[v]：調音位置では唇歯音・調音様式では摩擦音・有声
[d]：調音位置では歯音・調音様式では破裂音(閉鎖音)・有声
[r]：調音位置では歯茎音・調音様式では巻舌音・有声
[z]：調音位置では歯音・調音様式では摩擦音・有声
[n]：調音位置では歯茎音・調音様式では鼻音・有声

入門ドイツ語学研究

[ŋ]：調音位置では軟口蓋音・調音様式では鼻音・有声

設問7

　Kegel－Regel, Kegel－Kugel, Kegel－kregel(Kegelには/ k /のあとにゼロ音素が存在していると考える), kregel－Regel(Regelには/ r /の前にゼロ音素が存在していると考える)

設問8

　前に母音a, o, u, auが来たときのみ[x]，それ以外のときは[ç]．

設問9

　音声学，音素論．

設問10

　/ f /-/ ɛ /-/ r /-/ g /-/ ɪ /-/ s /-/ m /-/aɪ/-/ n /-/ n /-/ ɪ /-/ ç /-/ t / (13個)

設問11

Ich weiß nicht, was soll es bedeuten, dass ich so traurig bin.
私には，私がこんなに悲しいのが何を意味するのか分からない．

設問12

　　a．der(指示的形態素), Tourist(語彙的形態素), frag-(語彙的形態素), -t(屈折形態素), den(指示的形態素), Polizist-(語彙的形態素), -en(屈折形態素), nach(語彙的形態素), dem(指示的形態素), Weg(語彙的形態素) その観光客は警官に道を尋ねる．

　　b．Wie(語彙的形態素), viel-(語彙的形態素), -e(屈折形態素), Student(語彙的形態素), -en(造語形態素), sind(語彙的形態素), hier(語彙的形態素) ここには何人の学生がいるか．

　　c．Was(語彙的形態素), mach-(語彙的形態素), -st(屈折形態素), du(指示的形態素), heute(語彙的形態素), Abend(語彙的形態素), Hans(語彙的形態素) ハンス，今晩はどうするの．

　　d．Kleid-(語彙的形態素), -er(造語形態素), mach-(語彙的形態素), -en(屈折形態素), Leute(語彙的形態素) 馬子にも衣裳(ことわざ)．

　　e．Im＝in(語彙的形態素)＋dem(指示的形態素), Herbst(語彙的形態素), ist(語彙的形態素), der(指示的形態素), Garten(語彙的形態素), schön-(語彙的形態素), -er(造語形態素), als(語彙的形態素), im＝in(語彙的形態素)＋dem(指示的形態素), Frühling(語彙的形態素)

この庭は春よりも秋が美しい．

設問13
音節は発音上の単位であるが，語綴は単語の構成上の単位．

設問14
a．Im=in（語彙的形態素）+dem（指示的形態素），Winter（語彙的形態素），sind（語彙的形態素），die（指示的形態素），Tag-（語彙的形態素），-e（造語形態素），viel（語彙的形態素），kurz-（語彙的形態素），¨+-er（造語形態素），als（語彙的形態素），im=in（語彙的形態素）+dem（指示的形態素），Sommer（語彙的形態素）冬は日が夏よりも短い．

b．Ich（指示的形態素），habe+[besuch]t（[現在完了を表す]不連続な屈折形態素），mit（語彙的形態素），mein-（指示的形態素），-er（屈折形態素），Schwester（語彙的形態素），unser（指示的形態素），-e（屈折形態素），Tante（語彙的形態素），besuch-（語彙的形態素）私は妹と伯/叔母を訪ねた．

c．Mein（指示的形態素），Vater（語彙的形態素），komm-…zurück（不連続な語彙的形態素），-t（屈折形態素），jed-（指示的形態素），-en（屈折形態素），Abend（語彙的形態素），sehr（語彙的形態素），spät（語彙的形態素），nach（語彙的形態素），Haus-（語彙的形態素），-e（屈折形態素）父は毎晩たいへん遅く帰宅する．

設問15
a．Lid-er の-er（造語形態素），b．alt-er の-er（屈折形態素），d．Fahr-er の-er（造語形態素），e．welch-er の-er（屈折形態素）

c．Schwester と f．Finger に含まれる-er は本来の綴りの一部．

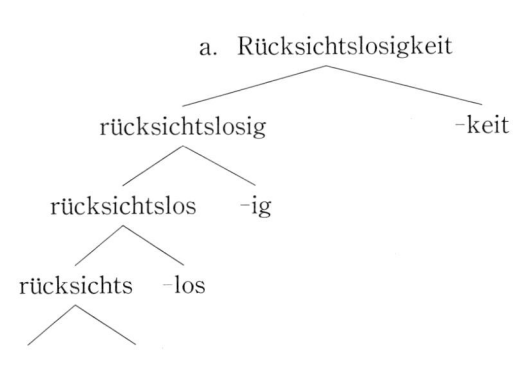

設問16

a．Rücksichtslosigkeit

```
        Rücksichtslosigkeit
         /            \
    rücksichtslosig    -keit
      /        \
  rücksichtslos  -ig
    /      \
rücksichts  -los
```

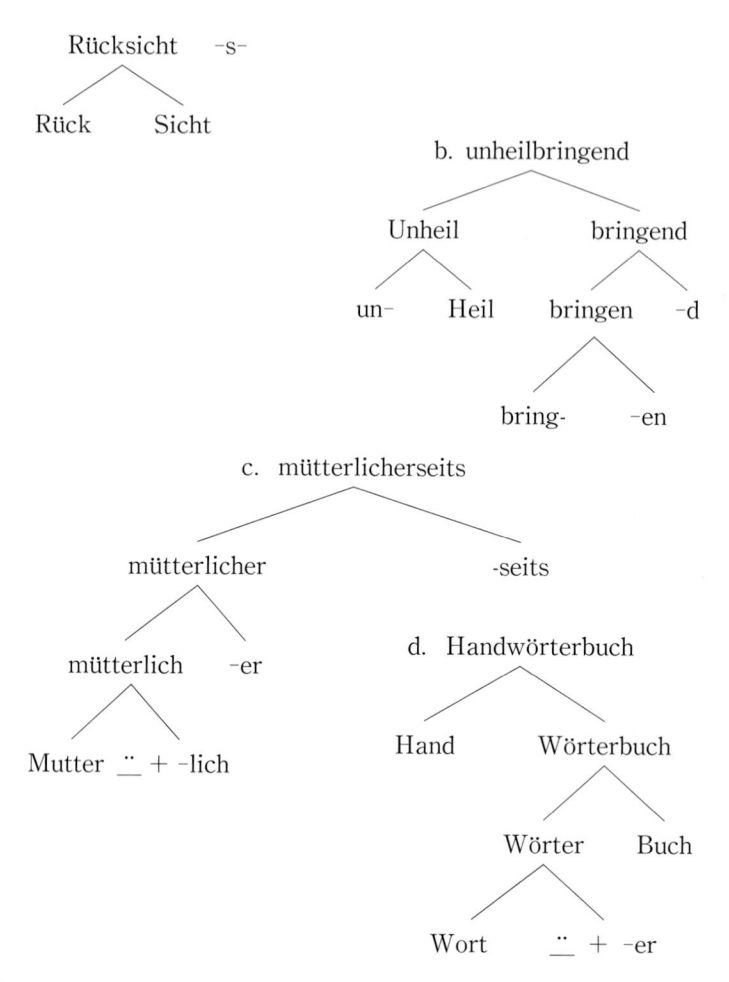

```
      Rücksicht    -s-
        ╱  ╲
     Rück   Sicht
```

```
                    b. unheilbringend
                        ╱       ╲
                    Unheil    bringend
                    ╱  ╲       ╱    ╲
                  un-  Heil  bringen  -d
                              ╱   ╲
                           bring-  -en
```

```
              c. mütterlicherseits
                  ╱            ╲
            mütterlicher      -seits
              ╱      ╲
         mütterlich   -er        d. Handwörterbuch
           ╱   ╲                     ╱        ╲
       Mutter ¨ + -lich           Hand      Wörterbuch
                                              ╱    ╲
                                          Wörter   Buch
                                           ╱   ╲
                                         Wort  ¨ + -er
```

設問17

 a．Der（指示的形態素），Lehr-（語彙的形態素），-er（造語的形態素），frag-（語彙的形態素），-t（屈折的形態素），die（指示的形態素），Schüler（語彙的形態素）＋（ゼロの造語的形態素），aber（語彙的形態素），kein-（指示的形態素），-er（屈折的形態素），kann（語彙的形態素），antwort-（語彙的形態素），-en（造語的形態素）先生は生徒達に尋ねるが，誰も答えられない．

 b．Die（指示的形態素），Bund-（語彙的形態素），-es-（造語的形態素），-republik（語彙的形態素），Deutsch-（語彙的形態素），-land（語彙的

設問の解答例

形態素），lieg-（語彙的形態素），-t（屈折形態素），in（語彙的形態素），der（指示的形態素），Mitte（語彙的形態素），Europa-（語彙的形態素），-s（屈折形態素）ドイツ連邦共和国はヨーロッパの中央部にある．

c．Deutsch-（語彙的形態素），-land（語彙的形態素），gewinn-（語彙的形態素），-t（屈折形態素），drei-（語彙的形態素），-ßig（造語形態素），Medaillie-（語彙的形態素），-n（造語形態素）ドイツはメダルを30個獲得する．

d．Zum＝zu（語彙的形態素）＋dem（指示的形態素），erst（語彙的形態素），-en（屈折形態素），Mal（語彙的形態素），haben…[gewonn]-en（不連続な屈折形態素），die（指示的形態素），Franzose（語彙的形態素），¨＋isch（造語形態素），-en（屈折形態素），Fußball-（語彙的形態素），-er（造語形態素），den（指示的形態素），Welt-（語彙的形態素），-meister-（語彙的形態素），-titel（語彙的形態素），gewonn-（語彙的形態素）初めてフランスのサッカー選手は世界チャンピオンのタイトルを得た．

設問18

冠詞，名詞，代名詞，形容詞，動詞．　数詞，副詞，前置詞，接続詞，間投詞．

設問19

（左から）動詞，名詞，形容詞，代名詞．

設問20

（左から）副詞，前置詞，接続詞．

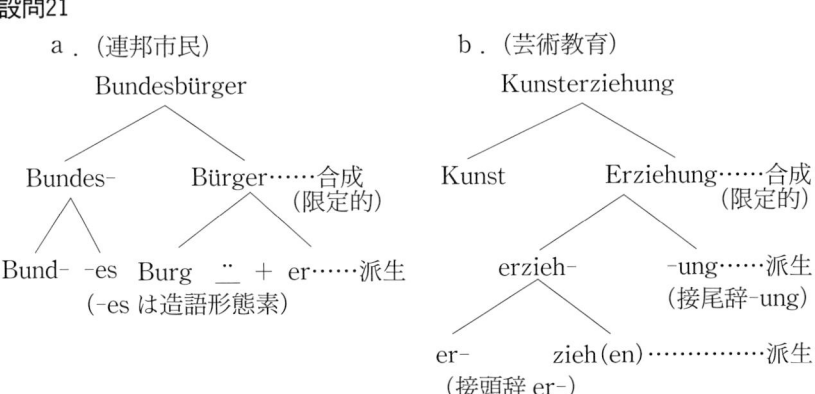

設問21

a．（連邦市民）
Bundesbürger
├ Bundes-
│ └ Bund- -es
│   （-esは造語形態素）
└ Bürger……合成（限定的）
   └ Burg ¨＋er……派生

b．（芸術教育）
Kunsterziehung
├ Kunst
└ Erziehung……合成（限定的）
   ├ erzieh-
   │ ├ er-
   │ │ （接頭辞er-）
   │ └ zieh(en)……派生
   └ -ung……派生
      （接尾辞-ung）

c．（勝ち取ったもの）　　　　　　d．（予測される）
　　Errungenschaft　　　　　　　　　voraussichtlich
　　／＼　　　　　　　　　　　　　　／＼
errungen　-schaft……派生　　voraussicht　-lich……派生
　／＼　　（接尾辞-schaft）　　／＼　　（接尾辞-lich）
er-　(ge)rungen　　　　　　voraus　sicht……合成
（接尾辞er-）　　　　　　　／＼
　　　　　　　　　　　　vor　aus…………合成（平列的）

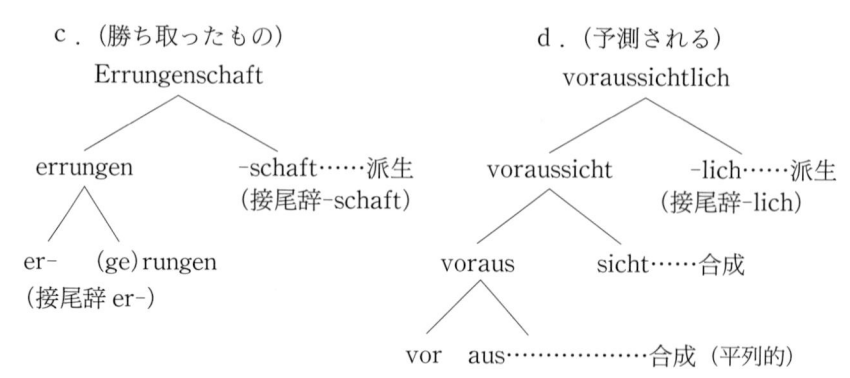

設問22

a．<u>Ich studiere Germanistik an einer Fremdsprachenhochschule.</u>
　　主語　客語　　4格補足語　　状況語（場所）

b．<u>Übersetzen Sie diesen Text ins Japanische</u>！
　　　客語　　主語 4格補足語　状況語（場所［方向］）

c．<u>Ich habe einmal　　einen Walfisch gesehen.</u>
　　主語 客語 状況語(時) 4格補足語　　　客語

d．<u>Gestern hat er mir　 mitgeteilt, dass er die Prüfung bestan-</u>
　　状況語(時) 客語 主語 3格補足語 客語　　　4格補足語

　<u>den hat.</u>

e．<u>Weil ich krank war, konnte ich nicht　　an der Gesellschaft</u>
　　状況語（原因）　　　　客語　　主語 状況語(方法) 前置詞的補足語
　　（状況語的副文）

　<u>teilnehmen.</u>
　　客語

設問23

a.

```
              e.
           ／   ＼
        c.       d.
       ／＼     ／＼
```

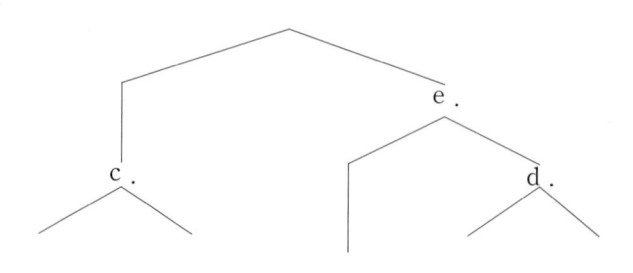

設問の解答例

a.
```
      a.              b.
     /\              /\
Dieses malerische Städtchen bietet seinen Gästen Erholung.
```
この絵のように美しい小さな町は客に憩いを与える．

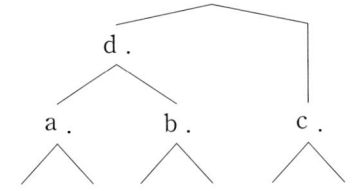

b.
```
              d.
         /    |    \
        a.    b.    c.
       /\    /\    /\
       Der Brief an dich liegt dort.
```
あそこにあなた宛の手紙があります．

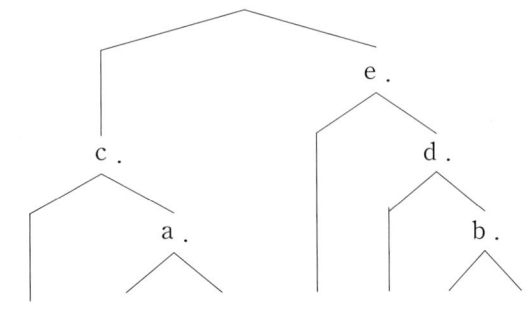

c.
```
                    e.
           /        |    \
           c.            d.
          / \           /\
              a.        b.
             /\        /\
     Tausende von Touristen fahren an die Ostsee.
```
何千人という観光客がバルト海へでかける．

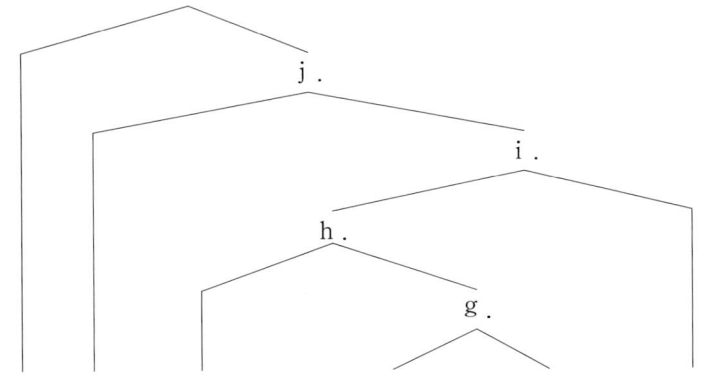

設問24

```
                    j.
                   / \
                      i.
                     / \
                 h.
                / \
                       g.
                      /\
```

—147—

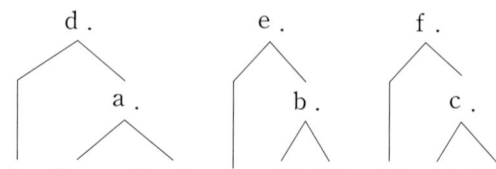

```
        d.          e.         f.
       /\          /\         /\
      /  a.       /  b.      /  c.
     /  /\       /  /\      /  /\
```
Man darf in dieser Straße von 10 Uhr bis 16 Uhr parken.
この町内では10～16時は駐車できます．

設問25

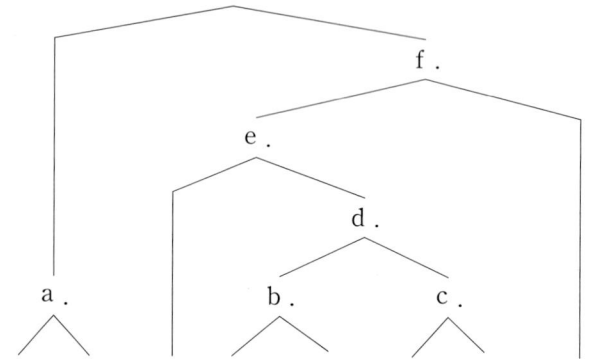

```
              f.
             /\
            e.
           /\
          d.
         /\
    a.  b.  c.
```
Die Mutter liest ihren Kindern ein Märchen vor.
母親は子供たちにおとぎ話を読んで聞かせる．

設問26

　　a．besuchen という他動詞には4格目的語が義務的に必要なのに，この文にはそれがまったく欠けているので，非文法的である．

　　b．diskutieren という他動詞は人間の主語と抽象的な内容の目的語とを必要とする（このことを［＋hum＿＿＋abstr］のように標識の組み合わせで表す）のに，Hasen は（－hum），Fernseher は（－abstr）なのでナンセンスである．

　　c．verlassen という他動詞には4格目的語が義務的に必要なのに，この文で目的語が3格になっているので非文法的である．

　　d．wohnen という自動詞は人間の主語と空間的な意味補充を必要とする（このことを［＋hum＿＿＋loc］のように標識の組み合わせで表す）のに，aus Gewohnheit は原因的な意味補充である（このことを［＋caus］という標識で表す）のでナンセンスである．

設問27

設問の解答例

a．Ein Streit entsteht.
b．X entwickelt die Film.
c．Die Mutter pflegt X.
　　X pflegt die Mutter.
d．Die geistigen Kräfte entwickeln sich.
　　X entwickelt die geistigen Kräfte.

設問28
　a．，b．，c．とも内容は変わらないから，三つの文の深層構造は同じである．表層構造に関して異なっているだけである．すなわち，a．は能動態，b．は受動態，c．では動詞の名詞化が行われている．

設問29
　IC分析が静的であることを批判した．すなわち，Chomsyによると，IC分析はすでにできあがっている文の構成要素を確かめているにすぎない．

設問30

a. 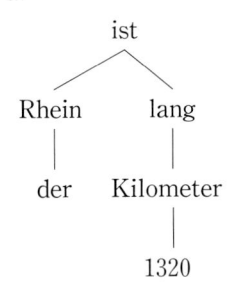
```
        ist
       /   \
    Rhein  lang
      |     |
     der  Kilometer
            |
           1320
```
ライン河は1320kmの長さだ．

b. 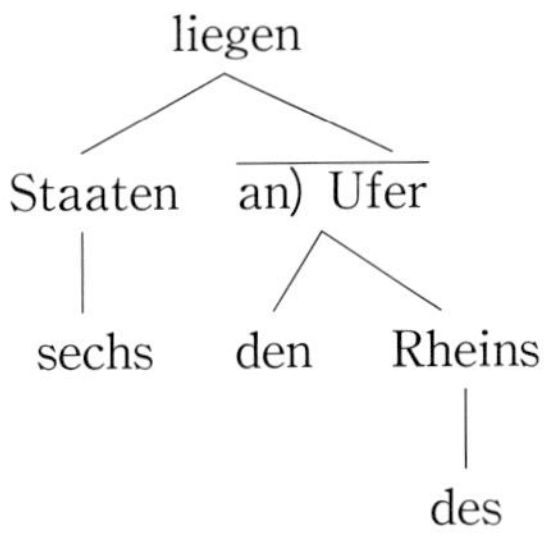
```
         liegen
        /      \
    Staaten   an) Ufer
      |       /    \
    sechs   den   Rheins
                    |
                   des
```
六つの国がライン河に接している．

c. 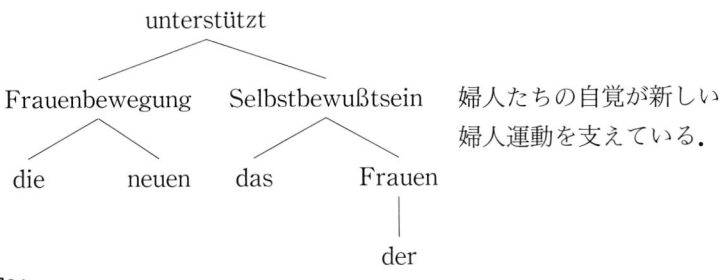
```
            unterstützt
           /           \
    Frauenbewegung   Selbstbewußtsein
       /    \          /      \
      die  neuen     das    Frauen
                              |
                             der
```
婦人たちの自覚が新しい婦人運動を支えている．

設問31

外延的意味．「盗人」は現在でこそ古語であるが，石川五右衛門が生きていた当時は古語ではなかった．だから，現代のわれわれが感じるような内包的意味はない．

設問32
藁を蒲団の代わりにしているのはこの親子に特有の事情によるのであるから，「藁」が「蒲団」の内包的意味として一般に認められたとは言えない．息子のことばのなかの「蒲団」はまだ隠喩の段階に止まっている．

設問33
社会生活を営むことを「世間をわたる」と比喩的に表現したのであるから，この文脈の制限を受けて比喩的表現である「鬼」が使われている．それゆえ，この文脈のなかで比喩的表現である「鬼」を直截な表現「同情心のない人」で置き換えることはできない．

設問34
Lichtluke「明かり取りのための屋根窓」，Fensteröffnung「光と風を取り入れる開口部」，Öffnung für Luft und Licht in der Wand「（木の枝を編んで作った）壁に設けた光と風のための開口部」，Augentor「目の門」．

設問35
ゲルマン時代には「僧侶」がまず短い棒を地面にばらまいた．それから彼はそれらの棒をある決まった順序で拾い集めた．どの棒にも表面にルーネ文字が一つ刻んであったので，僧侶はそれらの文字を解釈して予言することができた．

設問36
ａ．Wal / Wahl，ｂ．Namen / nahmen，ｃ．malen / mahlen，ｄ．Lid / Lied，ｅ．Mohr / Moor

設問37
ａ．modern [moˈdɛrn] 現代の，modern [ˈmoːdərn] 腐る
ｂ．übersetzen [ˈyːbərzɛtsən]（舟で）渡す，übersetzen [yːbərˈzɛtsən] 翻訳する
ｃ．umfahren [ˈʊmfaːrən] 乗り物をぶっつけて倒す，umfahren [ʊmˈfaːrən]（乗り物で……の）周囲をまわる
ｄ．sie rasten [ˈrastən] 彼らは休憩する，sie rasten [ˈraːstən] 彼らは荒れ狂った

設問の解答例

設問38

a．kosten²「……の値段である」はラテン語からの借用語－kosten¹味わう」は本来のドイツ語→同音異義の関係

b．Schloss　2）城館－1）錠→多義

c．Tau²綱－Tau¹露－Tau³タウ（ギリシャ語アルファベットの第19文字の名）→ 同音異義

d．Gang 4）(c)（自動車・自転車の）変則ギヤの段階－5）廊下－1）歩き方（体をゆするような歩き方）→ 多義（訳語ならびに分類の番号は『郁文堂独和辞典』）

設問39

a．wandern ぶらつく－schreiten（落ち着いた足取りで）歩く→ ③

b．Auskunft（問い合わせに対する）案内, インフォメーション－Information 情報［外来語］→ ②

c．Frühling 春－Lenz 春［雅語］→ ②

d．Kiefer 松属－Föhre 松　［方言］→ ①

e．Fahrrad 自転車－Drahtesel 自転車［戯語］→③

設問40

a．empfangen（雅語）－kriegen（俗語）－bekommen（中立語）

b．Gaul（俗語）－Ross（雅語）－Pferd（中立語）

c．Wagen（雅語）－Karre（俗語）－Auto（中立語）

d．essen（中立語）－speisen（雅語）－fressen（俗語）

設問41

a．①矛盾的反義，b．②対極的反義，c．③逆関係的反義　d．③逆関係的反義　e．①矛盾的反義

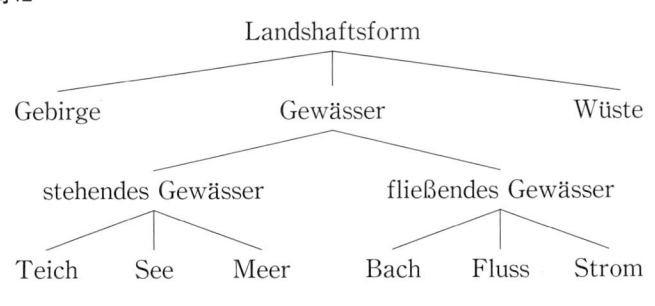

設問42

```
                    Landshaftsform
          ┌──────────────┼──────────────┐
        Gebirge        Gewässer         Wüste
                  ┌───────┴───────┐
          stehendes Gewässer   fließendes Gewässer
            ┌──────┼──────┐       ┌──────┼──────┐
          Teich   See   Meer    Bach   Fluss  Strom
```

設問43

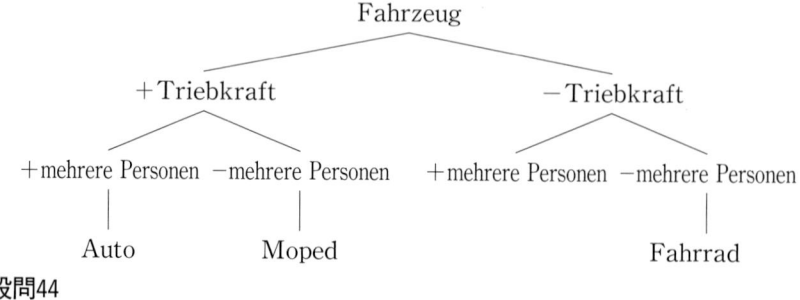

```
                        Fahrzeug
                ┌──────────┴──────────┐
            ＋Triebkraft           －Triebkraft
          ┌──────┴──────┐        ┌──────┴──────┐
     ＋mehrere   －mehrere   ＋mehrere   －mehrere
      Personen    Personen    Personen    Personen
          │          │           │           │
         Auto       Moped                  Fahrrad
```

設問44

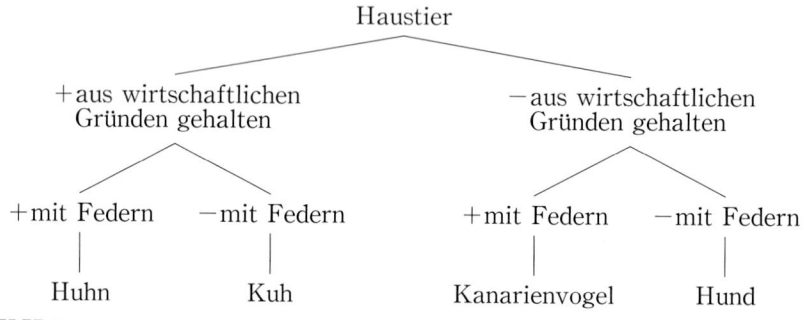

```
                        Haustier
                ┌──────────┴──────────┐
        ＋aus wirtschaftlichen    －aus wirtschaftlichen
         Gründen gehalten          Gründen gehalten
          ┌──────┴──────┐        ┌──────┴──────┐
     ＋mit Federn  －mit Federn  ＋mit Federn  －mit Federn
          │          │           │           │
         Huhn        Kuh     Kanarienvogel   Hund
```

設問45

　a．私には子供が二人います。一人は娘で，一人は息子です。
　b．あなたにはお子さんが二人おられます。一人は娘さんで，一人は息子さんです。
　c．Xには子供が二人あります。一人は娘で，一人は息子です。
　　　Xさんにはお子さんが二人あります。一人は娘さんで，一人は息子さんです。

設問46

　a．trinken：⟨tr⟩ ein bestimmtes Getränk zu sich nehmen；wir tranken noch ein Glas Bier；

　　　　　　　⟨itr⟩ Flüssigkeit zu sich nehmen；sie trinkt aus der Flasche

　　saufen：⟨itr⟩ Flüssigkeit zu sich nehmen；der Hund säuft aus dem Napf；

　　　　　　⟨tr⟩ als Flüssigkeit zu sich nehmen；die Katze säuft Milch

設問の解答例

trinken（＋hum）－saufen（－hum）
b．Katze： kleineres, vor allem Mäuse fangendes Haustier mit schlanken Körper, kleinem rundem Kopf und langem Schwanz
　　Kater： männliche Katze
　　　　　　Katze（＋weibl.）－Kater（＋männl.）
c．traurig： von Trauer erfüllt → Trauer： seelischer Schmerz über ein Unglück oder einen Verlust
　　wehmütig：von Wehmut erfüllt oder geprägt → Wehmut： <u>verhaltene</u> Trauer, stiller Schmerz
　　　　　　traurig（－verhalten）－wehmütig（＋verhalten）
　　　　　　　　　　（*Duden. Das Bedeutungswörterbuch 10*）

設問47

endlich： (nach einer langen Zeit des Wartens, der Verzögerung)： er ist endlich gekommen

schließlich： (am Ende, zum Schluß；letzten Endes)： schließlich gab er nach

　見出し語のあとのカッコのなかの説明と例文から，ニュアンスならびに使い分けを導き出すと，endlich は「（長いこと待っていたかためらっていたこと／ものが）とうとう（起こる／実現する）」，schließlich は「とどのつまり／結局は」．

設問48

a．326の Musikinstrumente V の図中の6：der Registerzug；7：Registerschleife；16：die Pfeife eines Registers．

b．310の Film I の図中の35：die Synchronklappe．

設問49

a．die Azotämie, ... ien：Stickstoffüberfluß im Blut「血液中の窒素の過剰」．専門語辞典によると「窒素血症」．

b．olfaktorisch：den Riechnerv betreffend「嗅神経にかかわる」→「嗅神経の」．上と同じ専門語辞典によると「嗅覚の」．

設問50

Karl Valentin ［karl ˈfalɛntiːn］

設問51

Kiosk m. „Verkaufsbude für Zeitungen, Getränke u. a.": Im 18. Jh. in der Bedeutung „offener Gartenpavillon" durch Vermittlung von *frz.* kosque aus *türk.* kösk „Gartenpavillon" entlehnt, das selbst *pers.* Ursprungs ist. Die moderne, übertragene Bedeutung (s. o.) erscheint erst im 19. Jh.

「『新聞，飲み物その他を販売するための屋台店』．18世紀に『四方に壁のないあずまや風の庭園用建物』を意味するトルコ語の kösk がフランス語の kosque を介して借用された．トルコ語の kösk 自身はペルシア語から由来している．現代の転用された意味（上を参照）は19世紀になってやっと現れる」．

設問52

　sorgn を引くと，説明が切れ目なしに続いているので辟易するが，これはスペースを節約したい辞書の常であるから，このようないわば情報を詰め込んだ書き方に慣れるほかない．逐次的に説明しよう．

　冒頭に sorgen の使い方が書いてある．すなわち，für jmdn. sorgen あるいは für etwas sorgen のように使う．なお，見出し語の左肩の数字は sorgen に同形異義語が存在することを教えている．

　そのあとに „in diesem Sinnbereich"「この意味領域において」とあるのは，同形異義語である²sorgen の意味は扱わないで，¹sorgen だけを説明することを意味している．

　さて，¹sorgen の 意味の説明として次のような記述がある．

- sich um jmds. Wohlergehen kümmern ある人の息災を気にかける；
- ihn mit Fürsorge umgeben その人を保護で取り囲む；
- die Pflichten auf sich nehmen, die zur Erhaltung oder zum Gedeihen einer Sache erfüllt werden müssen あることを維持するために，あるいは，あることが進捗するために満たされなければならない義務を自分に引き受ける；
- hat zum Objekt im allgemeinen eine Person, eine Persongruppe oder eine Sache, die ähnlich wie eine Person ständiger Fürsorge oder Pflege bedarf 一般に人，あるいは人の集団，あるいは人と似て不断の世話ないしは手入れを必要とする事物を対象に持つ；

- bezieht sich seltener auf das wirkliche Tun in einem konkreten Augenblick 具体的な瞬間における現実の行為に関係していることは比較的稀である，
- charakterisiert mehr allgemein das Bemühtsein um jmds. Wohlergehen むしろ一般的にある人の息災をめぐって骨折っていることを強調する．

これらの意味の説明がコロン（：）で区切られたあとに，いくつかの例文で用法が示されている．例文はイタリック体で印刷されている（例文と訳は省略）．

例文の後には sorgen の類義語あるいは類義的表現が説明されるが，これらはボールド体(太字)で印刷して見つけやすくしてある．betreuen, versorgen, kümmern, nach dem Rechten sehen がそれである．

betreuen は，
- jmdn. betreuen あるいは etwas betreuen のように使う．
- sich einer Person oder Sache annehmen あるひとの面倒をみる，あることに心を用いる；
- jmdn. mit liebevoller, umsichtiger Fürsorge umgeben ある人を愛情豊かな，周到な配慮で包む；
- sich mit persönlicher Anteilnahme, Hingabe der Pflege, Versorgung einer Sache widmen 個人的な関心と，手入れの献身[＝献身的な手入れ]と供給でもってあることに専念する：（例文と訳は省略）．

versorgen は，
- jmdn. versorgen あるいは etwas versorgen のように使う．
- für alles Nötige sorgen, dessen eine Person zu ihrem Wohlergehen oder eine Sache zu ihrer Pflege oder Erhaltung bedarf ある人が息災のために必要とする，あるいは，あることがその手入れあるいは維持のために必要とする一切の必要なものを世話する；
- dafür sorgen, dass es jmdm., einer Sache an nichts fehlt ある人に，あるいは，あることに何の不足もないよう配慮する；
- bezeichnet gegenüber den anderen Wörtern dieser Gruppe das Umfassende der Fürsorge mehr im Sinne der vollständigen Pflichterfüllung und läßt das Moment der persönlichen Hingabe des Handelnden weniger hervortreten oder bezieht sich auf das Handeln im konkreten

Einzelfall このグループの他の語に比べて，むしろ完全な義務の遂行という意味で，保護が包括的であることを表す。そして，行為する人の個人的な献身という要因はあまり表に出さない。あるいは，具体的な個々の場合の行為に言及する：（例文と訳は省略）。

kümmern は，
- sich um jmdn. kümmern あるいは sich um etwas kümmern のように使う。
- sich einer Person, einer Sache annehmen ある人の面倒をみる，ある事に心を用いる；
- für ihr Wohlergehen sorgen ある人／ある事の無事を気にかける；
- besagt im allgemeinen weniger, daß man die damit verbundenen Pflichten vollständig übernimmt oder zu übernehmen verpflichtet ist, als daß man es sich aus seiner Initiative, aus Hilfsbereitschaft angelegen sein läßt, für jmdn., etwas zu sorgen, oder daß gelegentlich nach dem Rechten sieht；一般に，ひとがそれと結びついた義務を完全に引き受けるか引き受けるよう義務づけられていることを意味するよりは，むしろ，ひとが自己の発案で，あるいは親切心から，誰かの／何かのための世話をしようと気にかけること，あるいは，うまく行っているかどうかときどき確かめようと気にかけることを意味する；
- bezieht sich wie „versorgen" häufig auf das Tun in einem bestimmten Einzelfall：„versorgen" とおなじようにしばしば特定の個々の場合の行為に言及する：（例文と訳は省略）。

nach dem Rechten sehen は，
- [bei jmdm.] nach dem Rechten sehen あるいは [bei einer Sache] nach dem Rechten sehen のように使う。
- dafür sorgen, daß es jmdm., einer Sache nicht an der nötigen Pflege, Ordnung fehlt, daß sie nicht vernachlässigt wird 誰かに／何かに必要な保護／整備が不足していはしないか，あるいは，誰かが／何かがおろそかにされてはいないかと気にかける；
- bezeichnet vor allem die übernommene Verpflichtung und die Sachlichkeit, aber auch Zuverlässigkeit in der Betreuung とくに誰かが引き受けた義務であること，そして事務であることを表すが，同時に，世

話ぶりが信頼の置けることをも表す；
- wird häufig verwendet, wenn der Sprecher das Moment der persönlichen Anteilnahme, das in „betreuen" liegt, nicht ausdrücklich betonen will 話し手が「面倒を見る」という行為のなかに含まれている個人的な関与という因子を際立たせたくない場合にしばしば使われる：（例文と訳は省略）．

　これらの説明をまとめれば，次のように言うことができようか．
　sorgen は「配慮をもって世話する」，betreuen は「献身的に世話する」，versorgen は「何から何まで世話する」，kümmern は「すすんで世話する」，nach dem Rechten sehen は「責務として見守るように世話する」．

設問53

　念のためにまず Baum を引いてみるが，名詞 Baum に特有の問題ではないので，Baum という見出しはない．こんどは，前置詞 zu が3格支配なのに zu „Bäumen" にならない例外的な現象として Rektion（動詞・形容詞・前置詞の格支配）という項目を探す．項目はあったが，目指す問題はここでは扱われていない．もし zu „Bäume" という形が通用するとしたら，名詞の格変化の例外ではないかと考えて Deklination を探すが，ここには定義があるだけで，例外の説明などはない．Deklination が参照するよう指示している Substantiv (1)を見ても，Deklination の種類が説明してあるだけ．結局，大項目で Unterlassung der Deklination を見つけ，見出しを見ていくと，1.4 Bei nur angeführten Substantiven の下にとうとう「引用された名詞だけはいつも1格，それもたいていは引用符がついている」という説明を見つけることができた．

設問54

　Erfahrung の2.に，「(繰り返された)同じ種類あるいは類似の種類の経験・体験 (Erleben)．そこからひとは教訓を引き出す」とあって，説明にすでに Erleben が使われているところから Erlebnis と意味が接近していることを思わせる．こんどは，Erlebnis を引いてみると，「ある人がそれに関与していて，そして，それを通してひとが（特定の方法で）印象を受けた出来事」．

　すると両者の違いは，Erfahrung には「反復」が含意されているのに，Erlebnis には「反復」が含意されていない点と，Erfahrung からはひとが

「教訓」を引き出すのに，Erlebnis からはひとは「印象」を受ける点にあることが分かる．

設問55

Nagel を引くと，さらに den Nagel auf den Kopf treffen(ugs.) という小見出しがある．小見出しに続いて意味の説明と用例が載っているが，その下に印をして，この慣用句の推測される由来が記してある．「おそらくこの慣用句は射撃手たちの言葉に由来すると思われる．釘は標的板の中心点を意味していた」．

設問56

a．（解説をそのまま訳しておく）1832年3月22日の彼の最後のことばのなかで Goethe は，秘書局長の Friedrich von Müller(1779-1849)によると，次のような希望を述べたと言われる．『もっと光が入るように，二番目のよろい戸をまき上げてくれたまえ』．今日では „Mehr Licht !" という要求は，部屋のなかが暗くなりすぎたときとか，暗すぎて何かがはっきりと見えないときに，たいていなかば冗談で引用される．

b．省略

設問57

① Großvater benutzt einen Gasherd.
　　　　　　　↘ c)　　↙ b)
② Wenn er das Gas andreht, strömt eine kleine Menge (Gas) aus dem Brenner.
　　　↙ c)　　　　　d)　　　　　　　　　　a)
③ Er zündet das Gas an und kocht das Essen auf den Flammen.
　　　　　　　↙ a)
④ Das Gas kommt durch eine Leitung vom Gaswerk in die Wohnung.
　　　　　　　↘ c)
⑤ Man braucht es auch für Heizungen.
　　　　　　　　↘ c)の逆

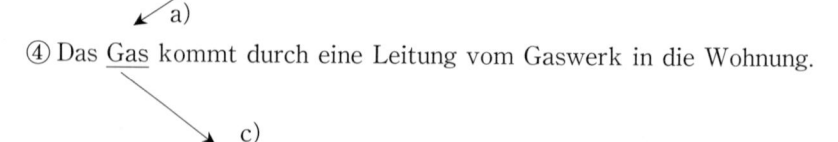

設問の解答例

⑥ Mit diesem brennbaren Gas muß man besonders vorsichtig sein.

設問58

① Herr Meyer: Heute ist Dienstag, nicht?

② Frau Meyer: Ja.

　Herr Meyer の問いを肯定の返事 „Ja." で受けるという結束性が①と②を結びつけている．

③ Herr Meyer: Dann gibt's Kalbsbeuschel.

　Dann が論理的に Frau Meyer の返事の „Ja" を受けるという結束性で②と③が結ばれている．

④ Frau Meyer: Was ist denn das?

　Das が③のなかの Kalbsbeuschel を指すという結束構造が③と④を結びつけている．

⑤ Herr Meyer: Keine Ahnung. Da müssen wir den Ober fragen.

　Keine Ahnung. は „④の Was ist denn das?" にたいする返事として，問いにたいする返事という結束性で結ばれている．

　Keine Ahnung. と Da müssen wir den Ober fragen. は Da が論理的に Keine Ahnung を受けるという結束性で結ばれている．

設問59

Am See steht ein Angler mit seiner biegsamen Angelrute.
　T_1　　　　　　　　　　R_1

Die Kinder sehen ihm zu.
　R_2　　T_2　R_2

Gerade bindet der Mann einen Haken an das Ende der Angelschnur.
　R_3　　T_3　　　　　　　　　　　　R_3

Ein Stück Brot wird auf den Haken gespießt.
　　R_4　　　　T_4　　R_4

Das ist der Köder.
T_5　R_5

設問60
　a．送り手と受け手の住まいに，例えば水漏れがするなど，配管工に見てもらう事故が生じた．
　b．受け手の髪が一度も櫛を入れたことがないような乱れた状態である．
　c．受け手が送り手にむかって（あるいは誰か第三者にむかって）気に障るようなことを言った．
　d．受け手が入室するときにノックをしなかった．

設問61
　Bahnhof にはまず Bahnhofshalle「駅の中央ホール」がある．ここからたいてい Bahnsteig「プラットホーム」にむかって Bahnsteigtunnel「プラットホームに通じる地下通路」が通じている．ホールを見渡すと Fahrkartenschalter「乗車券発売窓口」，近距離用の Fahrkartenautomat「乗車券自動販売機」，Auskunft「案内所」，Warteraum「待合室」，Gepäckabfertigung「手荷物取扱所」，Handgepäckaufbewahrung「手荷物一時預かり所」，Reisebüro「旅行案内所」，Bankfiliale「銀行支店」ないしは Wechselstube「通貨両替所」，Bahnhofsrestaurant「構内食堂」，Bahnhofsbuchhandlung「構内書店」が目に付く．
　掲示や設備の類としては，Ankunftstafel「到着時刻表」，Abfahrtstafel「発車時刻表」，Stadtplan「市街地図」，Gepäckschließfächer「コインロッカー：複数形」Bahnhofsuhr「構内壁時計」，Bahnhofsbriefkasten「構内郵便ポスト」がある．
　駅で見られる人間としては，Reisende「旅行者：形容詞の名詞化・複数形」と Bahnangestellte「駅員：形容詞の名詞化・複数形」を当然挙げなければなるまい．
　プラットホームに目をやれば，Stationsschild「駅名標」，列車の行く先と発車時刻などを示す Fahrrichtungsanzeiger「行先表示器」，Wartebank「待合い用ベンチ」，Abfallkorb「くずかご」，Bahnsteiguhr「時計」，Bahnsteiglautsprecher「プラットホーム用ラウドスピーカー」，Bahnsteigtelefon「電話」，Bahnsteigbriefkasten「郵便ポスト」，Bahnsteigkiosk「キオスク」などが目に入る．
　Zug「列車」が止まっているところは Gleis「軌道」．軌道は Schotterbett「砂利を敷いた道床」と Schiene「レール」と Schwelle「枕木」から成る．

列車が E-Lok (elektronische Schnellzuglokomotive) に牽かれているのなら，上には Fahrdraht「架線」が見られる．

設問62

　Eingang「入り口」で Ausweis「身分証明書」を示す必要があれば提示する．館内に入ると，まず Karteischrank「目録カード・キャビネット」のあるところへ行き，Karteikasten「カード・ボックス」から必要とする図書名を知る．Computer「コンピューター」で検索できることが多い．借り出したい蔵書名とカタログナンバーその他必要な事項を Leihschein「貸し出しカード」に記入し，Bibliothekar/Bibliothekarin「司書」がいる Ausleihpult「貸し出しカウンター」に身分証明書とともに提出する．司書が取り出してきてくれた図書を受け取って，Lesesaal「閲覧室」へ入り，閲覧する．閲覧が終われば，司書に図書を返却し，貸し出しカードに Stempel「印」をもらい，　身分証明書を返してもらって退館する．

　Präsenzbibliothek「館内閲覧制図書館／室」を利用する場合は，Bücherregal「書架」から自由に取り出して閲覧すればよい．雑誌は Zeitschriftenregal「雑誌書架」で新聞は Zeitungsregal「新聞書架」で探せばよい．

設問63

　a．立てた小指がシンボル．b．矢印はインデックス，「会場」の文字はシンボル．c．いずれも使われていない．d．「ニャーゴ」は擬声語なのでイコン．e．「ブッポーソー」も擬声語なのでイコン．f．いずれも使われていない．g．国旗はシンボル．h．大熊座はシンボル．i．赤い顔，酒臭い息は酒を飲んだことのインデックス．j．人体の模型はイコン．

設問64

　a．鹿の絵はイコン，しかし標識としては「けもの道」のシンボル．b．矢印は進入方向を指示しているのでインデックス，しかし標識としては「一方通行」のシンボル．c．「温暖前線」を意味するシンボル．d．昔の郵便馬車の御者のラッパの絵としてはイコン，しかし標識としては「郵便局」のシンボル．e．矢印は進入方向を指示しているのでインデックス，行く先を示す文字がシンボルとして加わっている．f．ト音記号も五線も変音記号フラットも音符もすべてシンボル．

設問65

　所在地を示す略地図，公共施設などの構内案内図，バスの路線図，団体

や機関の組織図など．

設問66

　a．Saussure は記号を発音と意味から成ると考え，記号そのものを対象と対置させたが，Ogden/Richard は記号のうちの意味だけを対象と関係づけている．

　b．経験を重ねた結果，意味と発音が自動的に結びつくようになっているため，対象を見るや否や，意味を介して発音が自動的に思い出される．

設問67

　記号「うち」の signifié としての「家」は典型であるが，ここでは送り手の「自分の家」という実例を指している．

　おなじように，記号「いらっしゃる」(「いらっしゃい」の終止形) の signifié としての「来る」は典型であるが，「いらっしゃる」は「来る」の尊敬表現として，ここでは受け手の「来る」という行為，つまり実例を指している．

設問68

　「いただきます」という記号は三つの面を持っている．第1は，それが送り手の行為という対象を指している面である．そこでは「いただきます」は叙述機能を果たしている．第2は，「いただきます」という記号が送り手自身と関係している面である．そこでは「いただきます」は送り手が自ら感謝の念を表す表出機能を果たしている．第3は，「いただきます」という記号が受け手と関係している面である．ここでは「いただきます」は送り手が受け手に感謝を訴える呼びかけ機能を果たしている．

設問69

　a．記号と記号の関係を表しているから結合論．b．記号の外形と記号の意味の関係を表しているから意味論．c．記号と（記号が指す）対象との関係を表しているから指示対象論．d．記号と（記号の）使用者との関係を表しているから実用論．

設問70

　日常生活における約束，物品購入の申し出，卒業式における学長の卒業証書授与，裁判官の判決朗読など．

設問71

　「君，東京へ行ってきてくれたまえ」．「君，東京へ行ってきてくれないか」など．

設問の解答例

設問72
  a．A．私はあなたに2匹以上の猫を飼うことを禁じます．
     B．猫は2匹以上飼わないでください．
  b．A．私はあなたに幸運な新年を望みます．
     B．新年おめでとう．
  c．A．私は感謝しないのが世間の報い方だと主張します．
     B．忘恩は世間の常さ．
  d．A．私はあなたに家へ帰ることを許します．
     B．家へ帰ってよろしい．

設問73
  a．悪魔にさらわれろ．＝C．呪い．　b．お元気で．＝E．挨拶．　c．成功を祈る．＝B．願い．　d．また立ち寄ってください．＝D．願い．　e．間違いは人の常．＝A．慰め．

設問74
  主人が「ぶぶづけでも食べていかはったらどうどす」と言うのは発語行為．このことばに隠して「もうそろそろお引き取りください」というお願いをする（つまり本心を伝える）のが発語内行為．客が主人の本心を察して帰って行くとき発語内行為は発語媒介行為と名が変わる．

設問75
  „Warum haben Sie das nicht gleich gesagt?"「なぜすぐに言わなかったのだ」と言うのは発語行為．このことばに隠して「私はあなたがすぐに言わなかったことを非難する」という非難を伝える（つまり本心を伝える）のが発語内行為．受け手が送り手の本心を察して恥じ入れば，そのとき発語内行為は発語媒介行為と名が変わる．

設問76
①上司しか部下の職員にむかって「命令」できない．
②上司は部下の職員以外の人物には「命令」できない．
③上司が部下の職員に「命令」できるのは職務に関してだけである．
④上司が部下の職員に「命令」できるのは部下の未来の行為に限る．
⑤「命令」を受けることは，部下の職員が実行を義務づけられることを意味する．
⑥上司が職務に関して部下の職員に「命令」する限り，部下の職員は「命

令」を拒否することはできない．

設問77
a．B., E., H., I., J.　b．D., I.　c．E.　d．E., I., J.　e．A., F., I., (J.)

設問78
a．「拒絶する」REPRÄSENTATIVA, b．「遺贈する」KOMMISSIVA, c．「予言する」REPRÄSENTATIVA, d．「ある人にあることを訴える」EXPRESSIVA, e．「正しいことを認める」REPRÄSENTATIVA, f．「語る」REPRÄSENTATIVA, g．「定義する」REPRÄSENTATIVA, h．「ある人にあることを依頼する」DIREKTIVA, i．「(ある人の死を)悲しむ」EXPRESSIVA, j．「(ある人にあることをしないよう)警告する」DIREKTIVA

設問79
a．Aの発言は③「関係の公理」に反している．しかし，級友たちはAが発言の裏に「もうそろそろ帰ってほしい」という本心を隠していることを覚ったので，コミュニケーションは破綻を来さなかった．

b．ガールフレンドの発言は④「様態の公理」に反している．しかし，私はガールフレンドが他人が突然入って来たので保険の勧誘員と話している様子をよそおったことを察したので，コミュニケーションは破綻を来さなかった．

c．男の発言は①「量の公理」に反している．しかし，男が私に平素以上に接近したがっているという下心を私が察したので，コミュニケーションは破綻を来さなかった．

d．こちらの発言は③「関係の公理」に反している．それは，「気に入った作品がある」と返事をした場合買わされるのを恐れたからであるし，「気に入った作品がない」と返事をした場合画家が気を悪くするのを恐れたからである．しかし，画家がこちらのはぐらかしの理由を察したため，コミュニケーションは破綻を来さなかった．

e．上司の発言は②「質の公理」に反している．しかし，部下が上司の皮肉を理解したため，コミュニケーションは破綻を来さなかった．

設問80
私はUlrikeと話していた．ラジオがついていて，私は彼女の話が聞こえ

ないため，これで三度も問い返さなければならなかった．そこで私はUlrikeにむかって言った．「私ならラジオの声をもう少し大きくするわ」．

私の発言は「質の公理」に反している．しかし，UlrikeがIの皮肉を理解したため，コミュニケーションは頓挫しなかった．

設問81
行為：a．, c．, e．　行為でないもの：b．, d．, f．

設問82
b．は雀というパートナーがあるので相互作用として下位区分できる．

d．は犬というパートナーがあるので相互作用として下位区分でき，さらにシンボルを用いているという理由でコミュニケーションに下位区分できる．この場合，シンボルが言語であるので，さらに言語コミュニケーションとして下位区分できる．

設問83
a．話し手は書き手に，聞き手は読み手に代る．発話は文書に代る．反応も（もしもあれば）文書に代る．

b．話し手が一人であるのに対して聞き手は複数である．いつも反応としての発話が返される訳ではない．

設問84
a．背後に意図が存在すること．b．音波．c．音声．d．言語表現を口から発すること．e．言語表現を耳から受け入れること．f．音波が自分の耳にも達していること．g．音声は記号内容の運び手であるだけではなくて，音声そのものが話し手の心の持ち様をも伝えること．h．会話をしている環境そのもののなかに会話を妨害する因子がある．

設問85
a．言葉づかいには規範がある．b．話し手が置かれている状況が発話に影響を及ぼす．c．聞き手の心理的状態が聞く態度に影響を及ぼす．d．言葉が持つ暗示的意味が話し手の暗号化の際に加えられる．また，聞き手の暗号解読の際にも暗号とともに解読される．e．話し手が置かれている状況が話し手の暗号の種類の選択に影響を及ぼす．f．会話をしている環境は話し手と聞き手に影響を及ぼす．g．言葉づかいの規範そのものが話し手あるいは聞き手の受けた教育や育った環境などによって異なる場合がある．

設問86

　送り手である男性は受け手である Fräulein Elvira にむかって，「独り者はときどき恐ろしく女の人が恋しくなるんですよ」と言っている．Fräulein という呼掛けから，女性もまた独身であることが分かる．男性のことばからすれば，彼が Fräulein Elvira にたいしてとくに好意を抱いており，招待に応じてくれたことを喜んでいることを伝えるのが，送り手としての彼の意図であると考えられる．しかし，彼の本当の意図は，Fräulein Elvira の母性本能に訴えて物置部屋につもりつもった食器類を洗わせることにある．漫画家はわざと物置部屋をわれわれに垣間見させて，彼の本当の意図を暴露している．そして，やや老けていて背がひょろ高いそばかすのある独身女性の，男のことばをそのとおりに受け取って満足げな，人のよさそうな表情が悲しいおかしみを増している．

　この例は，われわれがコミュニケーションのモデルのなかの発話に隠された本来の意図をも付け加える必要があることを教えている．

設問87

Ａ．言語メッセージの部分：「熊さんか，長い間苦労したな，疲れただろう」
Ｂ．身体的メッセージの部分：①ひきつれた声．
　　　　　　　　　　　②（語調に含まれた）恐怖を押さえた阿(おもね)るような響き．

　言語メッセージだけを観察すれば，連続殺人犯よりも優位に立って彼をいたわっている余裕のあるように見えるが，身体的メッセージである①ひきつれた声は，坂本に実はそんな心の余裕がないことを示し，②（語調に含まれた）恐怖を押さえた阿(おもね)るような響きは，彼が心のなかでは鬼熊を恐れていることを語っている．

設問88

　主人公の長谷川謹造教授の自宅へ学業の途中で病死した学生の母西山篤子が訪ねて来た．母親は，愛息の死を教授に報告しながら，態度に悲しみを一切表さない．つまり，身体的メッセージが言語メッセージと釣り合わない．

　ところが，団扇を床に落とした教授が拾おうとして，偶然，母親が膝のうえで手巾(ハンケチ)を両手で引き裂くばかりに固く握っているのを発見する．この身体的メッセージこそ，母親の淡々とした語り方を受け手である教授がい

かに解釈するべきであるかを教えていた．

設問89
　a．先行する発言の末尾に使われる．「…と単純に考えますが」．
　b．先行する発言の末尾に使われる．「そうじゃありませんか」．
　c．後行する発言の頭に使われる．「エー，私が言いたいのは，…」．
　d．先行する発言の末尾に使われる．「ね,そうでしょ」／「…ね,そうだね」．
　e．後行する発言の頭に使われる．「だから，私は思うんです…」．

設問90
　A．「結構，これでいちばん大事な点はほぼ決まったってわけだ」／「いいわ，これでいちばん大事な点はほぼ決まったってわけ」．この発言は用件についてのやりとりが終わることをシグナルしているが，同時に，電話を切るまえの雑談の開始をもシグナルしている．
　B．「そう，これ以上細かいことは今は決められないだろうね」／「そうね，これ以上細かいことは今は決められないでしょうね」．この発言はB．がA．が発した用件についてのやりとりが終わろうというシグナルを受け取ったことをシグナルしている．したがって，この発言のあとには雑談が始まる．

設問91
　a．受け手にたいする送り手の期待する態度をシグナルしている．「日曜日には来てくれるだろうね」．／「日曜日には来てくれるでしょうね」．　b．送り手の，いらだちとか不審の念といった感情と態度をシグナルしている．「いったい何をしてるんだ」／「どうしたのよ，いったい」．　c．誰かの発言の正当性を強調している．「なんと言ったって，これはこうなんだ」／「なんと言ったって，これはそうなの」

設問92
　家庭でのパーテイでは，主人が司会者を務める．司会者である主人が私の名前を呼んだのはバーバルなシグナルであるが，私の顔をじっと見たのと，私にむかって促すように頷くのはともにノンバーバルなシグナルである．言うまでもなく，バーバルなシグナルも二つのノンバーバルなシグナルも私がこれから発言者になることを伝えている．

設問93
　Es kann die Einstellung und Engagiertheit des Hörers gegenüber dem

Redegegenstand signalisieren, wenn er beim Rundgespräch mit dem gespannten Gesichtsausdruck und mit dem leicht geöffneten Mund nach vorne lehnte.

設問94

子供：（バスのなかで駄々をこねている）

母親：「静かにおし」．（なぜバスのなかでは静かにしなければならないか，子供に分からせようとする努力をしない．結論だけを言う）

子供：（まだ駄々をこねている）

母親：「言っただろ．静かにおしよ」．（バスのなかでは静かにしなければならないことを，上の言いつけだけで子供は呑み込んだと決めつけて，結論だけを繰り返す）

子供：（まだ駄々をこねている）

母親：「いいからお黙り．でないとひどいよ」．（事ここに至っては，なぜバスのなかでは静かにしなければならないか，言葉を尽くして説明すべきだと思われるが，そうはしない．言うことをきかなかった場合の結果だけを述べている）

子供：（他の乗客のバッグをいじくる）

母親：「おやめ．そんなことはしないの（子供の手をバッグからはねのける）」．（あいかわらず説明はしないで，結論だけを言う．そのうえ実力行使）

設問95

子供：（バスのなかで駄々をこねている）

母親：「○○ちゃん，どうしたの」．（子供を独立した人格と認め，名前を呼ぶ．ぐずるには理由があるという考えに立って，理由を子供に自分から言わせようとする）

子供：（まだ駄々をこねている）

母親：「お願いだから静かにしてね．みんなが困ってるわ」．（押さえつけるのではなくて，頼むように言う．また，言葉を選んで，静かにしなければならない理由を子供にも呑み込めるように言う）

子供：（まだ駄々をこねている）

母親：「いったいどうしたの．ママは疲れてるのよ．いい子だから静かにしてね．もうすぐお家よ」．（子供がいまどんな場面に直面しているかを言葉を尽くして分からせようとする．ただ静かにするように言い

つけるのではなくて、もうすぐ降りることを告げてなだめる）

子供：（他の乗客のバッグをいじくる）

母親：「ね、このバッグはうちのじゃないでしょ。おばちゃんに触ってもいいですかって尋ねたの。ママのバッグで遊びましょうね」（単純な禁止でなくて、他人のバッグをいじくってはいけないことを子供にも納得できるような言葉を使って呑み込ませようとする。禁止したことにたいする代償を提供する）。

設問96　「私が満足している愛する同業者。

私がこの前の銀・金庫盗みをはたらいたときに盗品や鍵や金庫そのものといっしょに逮捕されたことは、君は御存知です。私のブーツについていたローソク（/石油）のしずく（？）から予審判事は私に犯行を認めさせました。

けれども大胆な盗人というものには不安などありません。看守が夜に最後に見回ったあと、すぐに手伝いの囚人が食事を運んで来ました。そして、監房のドアーも門も開けたままにしたのです。私は隙を狙って監房から逃げ出し、見張りのそばをすり抜けて、幸運にも自由の身となったのです。まだ昼間勤務の看守も来ていませんでした。お巡りも刑事も、そして警察全体が大騒ぎしたことでしょう。…」

盗賊仲間の言葉で書かれたテクストと標準ドイツ語とで共通しているのは、冠詞類（ein, kein）、代名詞（ich, den）、前置詞（an, mit, durch, von, in）、接続詞（daß, und, aber, als, bevor）のような機能中心の語彙と、ありふれた意味の形容詞・副詞（lieb, letzt, ganz, vorbei）や動詞（kommen, auflassen）くらいのものである。肝心の意味を担う三大品詞である名詞、動詞、形容詞には標準ドイツ語に対応するものがない。つまり、標準語の知識ではこの泥棒の書いた手紙は読み解けない。これが隠語の特徴である。

われわれが使う独和辞典にわずかに収録されているのは、Moos²（Geld）、Kuppe („Gefäß" を意味する Kufe と親族関係にある）、türmen（davonlaufen）、masel（→ Massel＝unerwartetes Glück）くらいのものである。いずれもヘブライ語までさかのぼるイデイッシュ語に由来する詐欺師・泥棒仲間などの隠語か、ドイツ語の方言である。

設問97

　a．Kaufmann → Kauffrau, Tierarzt → Tierärztin, Professor → Professorin, Doktor → Doktorin, Geschäftsmann → Geschäftsfrau,

Pilot → Pilotin, Minister → Ministerin
　b．Entbindungshelfer → Hebamme, Raumpfleger → Putzfrau, Krankenpfleger → Krankenschwester, Krankenpflegehelfer → Krankenschwesterassistentin, Erzieher → Lehrerin

設問98
　a．転校生と思われる生徒が自分のことを「わし」と言った．
　b．子供は自分のことを「わし」と言ってはいけない，という見解と，子供でも自分のことを「わし」と言ってかまわない，という見解．
　c．個人的な好みの問題ではなくて，それぞれの土地の習慣としてみんなが守っているから．

設問99
　言語は記号の体系であるとともに，最も重要なコミュニケーション手段である．

設問100
　言語はシンボルを用いた相互作用である．

設問101
　言語は社会的な行為の形式の一つである．

設問102
　言語は，有限の要素の集合から成る有限の長さの文の集合である．

設問103
　思考は人間の頭脳のなかにしか存在しない．しかし，この思想が口に出して言われるとき，現実の存在，つまり言葉となる．言葉となった思想は，頭脳のなかに存在したときの思想を直接に反映している．

設問104
　a．言語は社会生活の必要から生まれた音声記号の体系である．
　b．言語は，とくに性的パートナーの選択を最適化する，社会に影響するための手段である．

設問105
　たとえば dtv Lexikon によると，Karl Lachmann は古典文献学者でありゲルマニストである．1793年に Braunschweig に生まれ1851年に Berlin で亡くなった．最初 Königsberg で大学教授，のちに Berlin へ移る．古典古代の文学ならびに古ドイツ語文学における文献学的テクスト批判の創始

者．Lachmann は中世高地ドイツ語の文学作品のほかに，ラテン語詩人 (Properz, Tibull, Catull) の諸作品や G.E.Lessing の作品を刊行した．

設問106

「Wien で行われた公開講義，とりわけ『古代ならびに近代の文学の歴史』(全2巻，1815)は，彼の晩年の文学活動の頂点をなす．この講義は諸国民の文学を，有機的につながりつつ個別的である総合体がそれぞれに花開いた結果であると見なしている」．

F.v.Schlegel によれば，それぞれの国の国民文学はなるほど現れ方は個別的であるけれども，根底では有機的につながっており，総合体である．この根底では一つにつながっているという考え方を取らないで，個別的な現れ方のほうをより重視したのが「ドイツ的なるものについての学問」としてのゲルマニスティクであった．この傾向は政治的な国家主義とも無縁ではなく，近くはドイツ国民国家の成立にも連なっているし，遠く究極的にはナチスによる国粋的な全体主義にまでも連なっているのである．

参 考 文 献
―さらに勉強を続ける人のために―

　辞書類では，本文に解説した Duden の12巻本のほかに下記の書物がとくに術語の理解に役立つ．
　　　川島淳夫他編『ドイツ言語学辞典』紀伊国屋書店，1994

　ドイツ語で読める概説書が欲しい人には，とくに次の2点が薦められる．程度が本書とほぼ同じであるうえに，どちらも練習問題がついていて，研究のテーマを探すのに役立つ．とりわけ Gross/Fischer は Lösungsvorschläge を付けているので，自習に向いている．

　　　Fischer, Hans-Dieter/Uerpermann Horst: *Einführung in die deutsche Sprachwissenschaft. Ein Arbeitsbuch.* 4., erweiterte und aktualisierte Aufl.　Ehrenwirth 1996.

　　　Gross, Harro: *Einführung in die germanistische Linguistik.* Neubearbeitet von Klaus Fischer. indicium verlag 1998.

　ドイツ語で書かれた浩瀚な概説書としては下の書物がとくに推薦できる．

　　　Linke, Angelika/Nussbaumer, Markus/Portmann, Paul R.: *Studienbuch Linguistik.* (Kollegbuch 121) 3., unveränderte Aufl. Max Niemeyer Verlag 1996.

I. 事項索引

A．日本語索引

ア

相手との距離の取り方 Raumverhalten ……116
暗示的な遂行的発話 implizite performative Äußerung ……………100

イ

異音 Allophon ……………………12
意義 Sinn ………………………49
意義素性 Sem ……………………62
異形態 Allomorph ………………17
異形同音異義 Homophonie………55
イコン Ikon ……………………87
依存関係文法 Dependenzgrammatik
　………………………………43
一貫型テーマ展開 Progression mit einem durchlaufenden Thema……81
イデオロギー言語 ideologische Sprache………………………………132
意味 Bedeutung …………………49
意味行為 rhetischer Akt …………101
意味成分 Bedeutungskomponente …62
意味素性 semantisches Merkmal
　…………………………………39,62
意味部門 semantische Komponente
　…………………………………40,41

意味論 Semantik ……………51,95
入れ替えテスト Austauschprobe/
　Kommutationstest……………10
印欧祖語 Urindoeuropäisch ……53
隠語 Geheimsprache ……………132
インデックス Index………………87
隠喩 Metapher ………………87,88
引用句・箴言辞典 Zitaten und Aussprüche ………………………71

ウ

受け手 Empfänger ………………74

エ

英語英文学研究 Anglistik…………139

オ

応答行為 respondierender Akt……119
送り手 Sender …………………74
オノマトペ Onomatopoetikum ……87
オランダ語 Niederländisch…………53
音韻部門 phonologische Komponente
　…………………………………41,42
音韻論 Phonologie ………………4
音響音声学 akustische Phonetik ……7
音声 Laut ………………………4
音声学 Phonetik …………………6,12
音声器官 Sprechorgan/Sprechwerkzeug ……………………………6

音声行為 phonetischer Akt ……… 101
音節 Sprechsilbe ……………………… 1
音素 Phonem ……………………… 5, 10, 11
音素目録 Phoneminventar …………… 11
音素論 Phonemik ………… 9, 10, 11, 12
音標文字 phonetische Schrift ……… 4

カ

外延的意味 denotative Bedeutung … 49
下位概念 Hyponym ………………… 58
外形 Gestalt/Bild …………………… 66
外来語辞典 Fremdwörterbuch, Das
………………………………… 69
会話 Gespräch ……………………… 118
会話の含意 konversationelle Implikation ………………………………… 108
会話の公理 Konversationsmaxime
………………………………… 106
会話分析 Gesprächsanalyse/Konversationsanalyse/Dialoganalyse/Diskursanalyse/Dialogforschung … 118
顔つき Mimik ……………………… 116
書き換え規則 Ersetzungsregel …… 38
活用 Konjugation …………………… 22
下流階層 Unterschicht … 127, 128, 130
関係の公理 Maxime der Beziehung
………………………………… 107
幹語 Stammwort …………… 24, 124
冠詞 Artikel ………………… 20, 21
緩衝地帯 Knautschzone …………… 120
感情表明型の遂行動詞 Expressivum
………………………………… 105

間投詞 Interjektion ………………… 21
慣用句辞典 Redewendungen und sprichwörtliche Redensarten …… 71

キ

聞き手のフィードバック back-channel-behavior/Hörer-feed-back/Rückmeldeverhalten …………… 120
記号 signe ………………… 48, 91
記号 Zeichen ……………………… 87
記号過程 Semiose ………………… 95
記号内容 signifié ………………… 48, 91
記号の三角形 semiotisches Dreieck
………………………………… 93
記号表現 signifiant ……………… 48, 91
記号論 Zeichentheorie/Semiotik … 87
基底部門 Basiskomponente …… 40, 41
逆関係的反義 konverse Antonymie
………………………………… 57
客語 Prädikat ……………………… 28
客語補充詞 Prädikativum ………… 28
共演成分 Mitspieler ……… 43, 44
共時的 synchronisch ……………… 52
共成 Zusammenbildung …………… 25
共同の原理 Prinzip der Kooperation
………………………………… 106
曲用 Deklination …………………… 22

ク

句構造標識 Phrase-Marker (P-Marker) ……………………………… 40
屈折 Flexion ………………………… 22

索　引

屈折形態素 Flexionsmorphem ……16

ケ

形態素 Morphem ……………13, 16
形態素論 Morphemik ……………16
形態論 Morphologie……………16
形容詞 Adjektiv ……………20, 21
形容詞 Artwort/charakterisierendes Beiwort/Eigenschaftswort ………21
結合価 Valenz ……………………44
結合価文法 Valenzgrammatik ……44
結合論 Syntaktik ………………95
結束構造 Kohäsion ………………76
結束性 Kohärenz …………………76
欠損仮説 Defizithypothese ……129
ゲルマン学 Germanistik …………138
言語音 Sprachlaut ………………4
言語学 Linguistics/Linguistik ……124
言語記号に結びついた前提 zeichengebundene Präsupposition ………85
言語切替 language shift …………125
言語ゲーム Sprachspiel……………100
言語コミュニケーション sprachliche Kommunikation ………………106
言語障壁 Sprachbarriere …………131
言語的観念論 sprachlicher Idealismus ……………………………92
言語的相対主義 sprachlicher Relativismus……………………………92
言語的メッセージ sprachliche Mitteilung ……………………………116
言語保持 language maintenance …125

限定的合成 Determinativkompositum ……………………………25
けんよう垂音 Uvular………………8

コ

語彙規則 Lexikonregel ……………39
語彙素 Lexem ……………………15
語彙的形態素 lexikalisches Morphem ……………………………15
行為 Handlung ……………………98
行為拘束型の遂行動詞 Kommissivum ……………………………105
行為指導型の遂行動詞 Direktivum ……………………………105
硬口蓋音 Palatal …………………8
合成 Zusammensetzung …………24
構成的規則 konstitutive Regel……102
合接 Zusammenrückung …………25
構造 Struktur ……………………92
構造主義 Strukturalismus …………92
行動 Verhalten ……………………98
後方照応 Kataphor ………………76
古英語 Altenglisch ………………53
声の調子 Stimmführung …………116
コード Kode ……………………128
ゴート語 Gotisch …………………53
国際音声学協会 L'Association Phonétique Internationale (API) ………4
語源学 Etymologie ………………54
語源辞典 Herkunftswörterbuch, Das ……………………………70
語構成 Aufbau ……………………26

古高ドイツ語 Althochdeutsch ……53
語根 Wurzel ……………………53
語親族 Wortfamilie ………………53
語綴 Sprachsilbe ………………16
語場 Wortfeld ……………58,59,60
コミュニケーション Kommunikation
　……………………………106
コミュニケーション学 Kommunikationswissenschaft ……………111
語用論 Pragmatik ………………3
語用論的言語学 Pragmalinguistik…98

サ

差異仮説 Differenzhypothese ……130

シ

恣意的 arbiträr …………………91
歯音 Dental ……………………8
しぐさ Gestik …………………116
シグナル Signal ………………95
歯茎音 Alveolar ………………8
歯唇音 Labiodental ……………8
指示 Referenz …………………75
指示行為 referentieller Akt ………102
指示対象論 Sigmatik ……………95
事実確認的発話 konstative Äußerung
　……………………………99
指示的形態素 deiktisches Morphem
　……………………………15
辞書 Lexikon …………………39
辞書学 Lexikographie …………66
辞書編集論 Lexikographie …………66

姿勢 Körperhaltung ……………116
視線の交換 Blickkontakt …………116
質の公理 Maxime der Qualität …107
実用論 Pragmatik ………………3,95
実用論的言語学 Pragmalinguistik…98
実例 Exemplar …………………93
社会学 Sociology/Soziologie ……124
社会言語学 Sociolinguistics/Soziolinguistik ……………………124
社会集団語 Soziolekt ……………132
社会的な関係 soziale Beziehung …120
習慣に結びついた前提 gebrauchsgebundene Präsupposition ………85
自由形態素 freies Morphem ………15
従属的合成 hypotaktische Zusammensetzung …………………25
終端連鎖 Endkette ………………39
主語 Subjekt …………………28
術語 Terminus …………………9
述語行為 Prädikationsakt…………102
上位概念 Hyperonym …………58
上位テーマ Hyperthema……………82
状況語 Adverbiale ……………28,29
情動的意味 affektive Bedeutung …51
職業語 Berufssprache ……………132
叙述 Darstellung ………………94
叙述機能 Darstellungsfunktion ……94
女性の言葉遣い Frauensprache …132
詞論 Wortlehre …………………27
新高ドイツ語 Neuhochdeutsch ……52
深層構造 Tiefenstruktur……40,41,42
身体的メッセージ körperliche Mittei-

索　引

lung ……………………………116
身体の動き Körperbewegung ……116
シンボル Symbol ……………88, 95

ス

遂行的発話 performative Äußerung
　……………………………………99
遂行動詞 performatives Verb………99
スウェーデン語 Schwedisch ………53
数詞 Numerale ………………………20
図解辞典 Bildwörterbuch, Das ……68
スクリプト script/Szene……………85
スラヴ語スラヴ文学研究 Slavistik
　……………………………………139

セ

制限コード restringierter Kode …128
正書法辞典 Rechtschreibung, Die …68
生成変形文法 generative Transformationsgrammatik ……………………38
成分分析 Komponentenanalyse ……62
精密コード elaborierter Kode ……128
声門音 Glottal ………………………8
接辞 Affix …………………………24
接続詞 Konjunktion ……………20, 21
接頭辞 Präfix ………………………24
接尾辞 Suffix ………………………24
切片 Segment ………………………19
ゼロ音素 Null-Phonem ……………11
ゼロ形態素 Null-Morphem …………18
宣言型の遂行動詞 Deklarativum…105
前終端連鎖 Vorendkette ……………38

前置詞 Präposition……………20, 21
前兆 Anzeichen………………………88
前提 Präsupposition…………………85
前方照応 Anapher …………………76
専門語 Fachsprache ………………132

ソ

造語 Wortbildung……………………24
造語形態素 Wortbildungsmorphem
　………………………………………16
相互作用 Interaktion………………106
素音 Phon ……………………………5
側音 Lateral …………………………8
束縛形態素 gebundenes Morphem…15
素形態 Morph ………………………17

タ

対応 Korrespondenz…………………90
対応モデル Korrespondenzmodell…90
対極的反義 konträre Antonymie …57
体系 System …………………………92
態度 Körperhaltung ………………116
代名詞 Pronomen……………………20
対面コミュニケーション face-to-face
　Kommunikation …………………116
対面状況 face-to-face Situation …122
代用形 Pro-Form ……………………75
対話 Dialog ………………………118
多義 Polysemie………………………56
短縮 Abbau …………………………25
単純直進型テーマ展開 einfache
　lineare Progression ………………81

談話分析 Diskursanalyse ……………118

チ

中高ドイツ語 Mittelhochdeutsch …52
中世研究 Mediävistik ……………139
中低ドイツ語 Mittelniederdeutsch
　………………………………52
中流階層 Mittelschicht ………127, 128
調音 Artikulation ………………6
調音位置 Artikulationsort ………8, 9
調音音声学 artikulatorische Phonetik
　………………………………7
調音器官 Artikulationsorgan ………6
調音様式 Artikulationsart ………8, 9
聴覚音声学 auditive Phonetik ………7
徴候 Anzeichen…………………88
徴候 Symptom …………………95
直接構成素分析 IC (immediate constituent)-Analyse/Konstituentenanalyse ………………………31
直喩 Vergleich …………………87
陳述表示型の遂行動詞 Repräsentativum ……………………104

ツ

通時的 diachronisch……………52

テ

テーマ Thema ……………77, 102
テーマ展開 thematische Progression
　………………………………80
テーマ・レーマ分節 Thema-Rhema-Gliederung ……………………79
テクスト Text ………………3, 72
テクスト言語学 Textlinguistik ……74
典型 Typ ………………………93

ト

ドイツ近代文学研究 neuere deutsche Literaturwissenschaft ……………139
ドイツ言語学 germanistische Linguistik ……………………………138
同音異義 Homonymie ……………55
同義 Synonimie …………………56
同形異議 Homographie ……………56
統語的変換 syntaktische Konversion
　………………………………25
統語部門 syntaktische Komponente
　……………………………41, 42
統語論 Syntax …………………28
動詞 Verb ……………………20, 21
動詞 Zeitwort/Aussagewort ………21
統制的規則 regulative Regel ……102
導入行為 initierender Akt…………119
独語独文学研究 Germanistik ……138
特殊語 Sondersprache ………132, 133
独独辞典 Bedeutungswörterbuch, Das
　………………………………70
独白 Monolog …………………118

ナ

内在的な造語 innere/implizite Wortbildung ……………………………25
内包的意味 konotative Bedeutung

索　引

……………………………49, 50
軟口蓋音 Velar ………………8

ニ

任意添加成分 freie Angabe ………45

ノ

ノンバーバルな行動 nonverbales Verhalten ……………………122

ハ

破擦音 Affrikat ………………8
派生 Ableitung ………………24
派生型テーマ展開 Progression mit von einem Hyperthema abgeleiteten Themen ………………82
発音辞典 Aussprachewörterbuch, Das ……………………………69
発言順 turn/Redebeitrag/Gesprächsbeitrag ……………………119
発語行為 Lokution/lokutiver Akt/lokutionärer Akt ………………101
発語行為 Äußerungsakt …………102
発語内行為 Illokution/illokutiver Akt/illokutionärer Akt ……101, 102
発語媒介行為 Perlokution/perlokutiver Akt/perlokutionärer Akt ……………………101, 102
発話 Äußerung ………………75
発話行為理論 Sprechakttheorie……99
場面 Szenarios ………………66
破裂音 Explosiv ………………8

パロール parole ………92, 97, 98
反義 Antonymie ………………57
範疇部門 kategoriale Komponente ……………………………41

ヒ

ヒエラルヒー Hierarchie ……………2
鼻音 Nasal ……………………8
比較変化 Komparation …………22
飛躍型テーマ展開 Progression mit einem thematischen Sprung………84
表出 Ausdruck …………………94
表出機能 Ausdrucksfunktion ………94
表情 Mimik ……………………116
表層構造 Oberflächenstruktur ……42
品詞変換 Umsetzung ……………25

フ

フェミニズム言語学 feministische Linguistik ……………………132
付加疑問 tag-question …………133
付加語 Attribut ………28, 29, 45
副詞 Adverb ……………………20
副文 Nebensatz ……………29, 35
不変化詞 Partikel ………23, 119
プラーグ学派 Prager Schule ………80
フレーム frame/Rahmen ……………85
不連続形態素 diskontinuierliches Morphem ……………………………18
プロトタイプ意味論 Prototypsemantik ……………………………66
文 Satz ………………………72

分割型テーマ展開 Progression eines gespalteten Themas ……83
文章論 Satzlehre ……27
文体辞典 Stilwörterbuch, Das ……68
文体的意味 stilistische Bedeutung…51
文法 Grammatik, Die (Duden の)…69
文脈 Kontext ……14

ヘ

閉鎖音 Verschlusslaut ……8
並列的合成 parataktische Zusammensetzung ……25
変音 Umlaut ……18
変形部門 Transformationskomponente ……41, 42
弁別的音声特徴 distinktives phonetisches Merkmal ……11

ホ

母音三角形 Vokaldreieck ……7
方言 Dialekt ……132
ポーズフィラー Pausenfüller ……120
北欧語北欧文学研究 Nordistik/Skandinavistik ……139
補償言語教育 kompensatorische Spracherziehung ……129
補足語 Objekt ……28, 29
補足成分 Ergänzung ……43
本音 Sinn ……108

マ

巻舌音 Schwinglaut ……8

摩擦音 Spirant/Reibelaut ……8

ミ

ミニマル・ペアー Minimalpaar …10
身振り Gestik ……116

ム

矛盾的反義 kontradiktorische Antonymie ……57
無声の stimmlos ……9

メ

名詞 Substantiv ……20
名詞 Namenwort/Nennwort/Dingwort ……21
命題行為 propositionaler Akt ……102
メタ言語 Metasprache ……66
メタ・コミュニケーション Metakommunikation ……118

ユ

有声の stimmhaft ……9

ヨ

用語行為 phatischer Akt ……101
様態の公理 Maxime der Art und Weise ……107
容認可能 akzeptabel ……64
用法辞典 Richtiges und gutes Deutsch ……70
呼びかけ Appell ……95
呼びかけ機能 Appellfunktion……95

索　引

ラ

ラテン語 Lateinisch ……………53
ランガージュ langage ……………93
ラング langue ……………………92

リ

流音 Liquida ……………………8, 9
両唇音 Bilabial …………………8
量の公理 Maxime der Quantität …106

ル

類義語 sinnverwandtes Wort ………56
類義語辞典 sinn- und sachverwandten
　　Wörter, Die ……………………70
ルーネ文字 Runenschrift……………55

レ

レーマ Rhema ……………77, 102
レベル Ebene ……………………2
連語的意味 kollokative Bedeutung …50
連辞 Kopula ……………………28

ロ

ロマン語ロマン文学研究 Romanistik
　　………………………………139

ワ

若者ことば Jugendsprache ………133
話者シグナル Sprechersignal ……119
話者の交替 Sprecherwechsel/turn-
　　taking ………………………119

B．ドイツ語索引

A

Abbau 短縮 ……………………25
Ableitung 派生……………………24
Adjektiv 形容詞 …………………20
Adverb 副詞 ……………………20
Adverbiale 状況語 ………………28
affektive Bedeutung 情動的意味 …51
Affix 接辞………………………24
Affrikat 破擦音 …………………8
akustische Phonetik 音響音声学 …7
akzeptabel 容認可能 ……………64
Allomorph 異形態 ………………17
Allophon 異音 …………………12
Altenglisch 古英語 ………………53
Althochdeutsch 古高ドイツ語 ……53
Anapher 前方照応 ………………76
Anglistik 英語英文学研究 …………139
Antonymie 反義 …………………57
Anzeichen 前兆/徴候 ……………88
Appell 呼びかけ …………………95
Appellfunktion 呼びかけ機能………95
arbiträr 恣意的…………………91
Artikel 冠詞 ……………………20
Artikulation 調音 ………………6
Artikulationsart 調音様式 …………9
Artikulationsorgan 調音器官 ………6
Artikulationsort 調音位置 …………9
artikulatorische Phonetik 調音音声学
　　………………………………7

Artwort 形容詞 …………………21
Attribut 付加語 ……………28, 45
auditive Phonetik 聴覚音声学………7
Aufbau 語構成 ……………………26
Ausdruck 表出 ……………………94
Ausdrucksfunktion 表出機能 ……94
Aussagewort 動詞 ………………21
Äußerung 発話……………………75
Äußerungsakt 発語行為 …………102
Aussprachewörterbuch, Das 発音辞典……………………………………69
Austauschprobe 入れ替えテスト …10

B

back-channel-behavior 聞き手のフィードバック ………………………120
Basiskomponente 基底部門 ………40
Bedeutung 意味 …………………49
Bedeutungskomponente 意味成分
……………………………………62
Bedeutungswörterbuch, Das 独独辞典……………………………………70
Berufssprache 職業語 ……………132
Bild 外形 …………………………66
Bildwörterbuch, Das 図解辞典……68
Blickkontakt 視線の交換 …………116

C

charakterisierendes Beiwort 形容詞
……………………………………21

D

Darstellung 叙述 …………………94
Darstellungsfunktion 叙述機能……94
Defizithypothese 欠損仮説 ………129
deiktisches Morphem 指示的形態素
……………………………………15
Deklarativum 宣言型の遂行動詞 …105
Deklination 曲用 …………………22
denotative Bedeutung 外延的意味
……………………………………49
Dependenzgrammatik 依存関係文法
……………………………………43
Determinativkompositum 限定的合成
……………………………………25
diachronisch 通時的 ………………52
Dialekt 方言 ………………………132
Dialog 対話 ………………………118
Dialoganalyse 会話分析 …………118
Dialogforschung 会話分析 ………118
Differenzhypothese 差異仮説 ……130
Dingwort 名詞 ……………………21
Direktivum 行為指導型の遂行動詞
……………………………………105
diskontinuierliches Morphem 不連続形態素………………………………18
Diskursanalyse 談話分析/会話分析
……………………………………118
distinktives phonetisches Merkmal
弁別的音声特徴 ……………………11

索　引

E

Ebene レベル ……………………2
Eigenschaftswort 形容詞 …………21
einfache lineare Progression 単純直
　進型テーマ展開 ………………81
elaborierter Kode 精密コード ……128
Empfänger 受け手 ………………74
Endkette 終端連鎖 ………………39
Ergänzung 補足成分 ……………43
Ersetzungsregel 書き換え規則 ……38
Etymologie 語源学 ………………54
Exemplar 実例……………………93
Explosiv 破裂音 …………………8
Expressivum 感情表明型の遂行動詞
　………………………………105

F

face-to-face Kommunikation 対面コ
　ミュニケーション ……………116
face-to-face Situation 対面状況
　………………………………122
Fachsprache 専門語 ……………132
feministische Linguistik フェミニズ
　ム言語学 ………………………132
Flexion 屈折 ……………………22
Flexionsmorphem 屈折形態素 ……16
frame フレーム …………………85
Frauensprache 女性の言葉遣い …132
freie Angabe 任意添加成分 ………45
freies Morphem 自由形態素 ………15
Fremdwörterbuch, Das 外来語辞典

　………………………………69

G

gebrauchsgebundene Präsupposition
　習慣に結びついた前提 …………85
gebundenes Morphem 束縛形態素
　………………………………15
Geheimsprache 隠語 ……………132
generative Transformationsgram-
　matik 生成変形文法 ……………38
Germanistik 独語独文学研究/ゲルマン
　学 ……………………………138
germanistische Linguistik ドイツ言
　語学 …………………………138
Gespräch 会話 …………………118
Gesprächsanalyse 会話分析 ……118
Gesprächsbeitrag 発言順 ………119
Gestalt 外形 ……………………66
Gestik 身振り/しぐさ ……………116
Gotisch ゴート語 …………………53
Grammatik, Die 文法 (Duden の) …69

H

Handlung 行為 …………………98
Herkunftswörterbuch, Das 語源辞典
　………………………………70
Hierarchie ヒエラルヒー ……………2
Homographie 同形異議 ……………56
Homonymie 同音異義 ……………55
Homophonie 異形同音異義…………55
Hörer-feed-back 聞き手のフィードバ
　ック …………………………120

Hyperonym 上位概念 ……………58
Hyperthema 上位テーマ ……………82
Hyponym 下位概念 ……………58
hypotaktische Zusammensetzung
　従属的合成 ……………………25

I

IC (immediate constituent) - Analyse
　直接構成素分析 ………………31
ideologische Sprache イデオロギー言
　語 …………………………132
Ikon イコン ……………………87
Illokution 発語内行為 …………101
illokutionärer Akt 発語内行為 …101
illokutiver Akt 発語内行為 ………101
implizite performative Äußerung
　暗示的な遂行的発話 …………100
implizite Wortbildung 内在的造語
　………………………………25
Index インデックス ……………87
initierender Akt 導入行為 ………119
innere Wortbildung 内在的造語 …25
Interaktion 相互作用 ……………106
Interjektion 間投詞 ………………21

J

Jugendsprache 若者ことば ………133

K

Kataper 後方照応 ………………76
kategoriale Komponente 範疇部門
　………………………………41

Knautschzone 緩衝地帯 …………120
Kode コード ……………………128
Kohärenz 結束性 ………………76
Kohäsion 結束構造 ……………76
kollokative Bedeutung 連語的意味
　………………………………50
Kommissivum 行為拘束型の遂行動詞
　………………………………105
Kommunikation コミュニケーション
　………………………………106
Kommunikationswissenschaft コミ
　ュニケーション学 ……………111
Kommutationstest 入れ替えテスト
　………………………………10
Komparation 比較変化 …………22
kompensatorischer Spracherziehung
　補償言語教育 ……………………129
Komponentenanalyse 成分分析 …62
Konjugation 活用 ………………22
Konjunktion 接続詞 ……………20
konotative Bedeutung 内包的意味
　………………………………49
konstative Äußerung 事実確認的発話
　………………………………99
Konstituentenanalyse 直接構成素分析
　………………………………31
konstitutive Regel 構成的規則 …102
Kontext 文脈 ……………………14
kontradiktorische Antonymie 矛盾的
　反義 …………………………57
konträre Antonymie 対極的反義 …57
konversationelle Implikation 会話の

索　引

含意 ……………………………108
Konversationsanalyse 会話分析 …118
Konversationsmaxime 会話の公理
　………………………………106
konverse Antonymie 逆関係的反義
　………………………………57
Kopura 連辞 ……………………28
Körperbewegung 身体の動き ……116
Körperhaltung 姿勢/態度…………116
körperliche Mitteilung 身体的メッセ
　ージ …………………………116
Korrespondenz 対応 ……………90
Korrespondenzmodell 対応モデル
　………………………………90

L

langage ランガージュ ……………93
language maintenance 言語保持…125
language shift 言語切替 …………125
langue ラング ………………92,93
L'Association Phonétique Internationale(API) 国際音声学協会 …4
Lateinisch ラテン語………………53
Lateral 側音 ………………………8
Laut 音声 …………………………4
Lexem 語彙素 ……………………15
lexikalisches Morphem 語彙的形態素
　………………………………15
Lexikographie 辞書学/辞書編集論
　………………………………66
Lexikon 辞書 ……………………39
Lexikonregel 語彙規則 ……………39

Linguistics 言語学 ………………124
Linguistik 言語学 ……………124,140
Liquida 流音 ……………………9
Lokution 発語行為 ………………101
lokutionärer Akt 発語行為 ………101
lokutiver Akt 発語行為 …………101

M

Maxime der Art und Weise 様態の公
　理 ……………………………107
Maxime der Beziehung 関係の公理
　………………………………107
Maxime der Qualität 質の公理 …107
Maxime der Quantität 量の公理
　………………………………106
Mediävistik 中世研究 ……………139
Metakommunikation メタ・コミュニ
　ケーション ……………………118
Metapher 隠喩 …………………87
Metasprache メタ言語 …………66
Mimik 顔つき/表情 ……………116
Minimalpaar ミニマル・ペアー …10
Mitspieler 共演成分 ……………43
Mittelhochdeutsch 中高ドイツ語 …52
Mittelniederdeutsch 中低ドイツ語
　………………………………52
Mittelschicht 中流階層 …………127
Monolog 独白 …………………118
Morph 素形態 …………………17
Morphem 形態素 ………………13
Morphemik 形態素論 ……………16
Morphologie 形態論 ……………16

—185—

N

Namenwort 名詞 ……………………21
Nasal 鼻音 …………………………8
Nebensatz 副文 …………………35
Nennwort 名詞 ……………………21
neuere deutsche Literaturwissenschaft ドイツ近代文学研究 ……139
Neuhochdeutsch 新高ドイツ語 ……52
Niederländisch オランダ語 ………53
nonverbales Verhalten ノンバーバルな行動 ……………………122
Nordistik 北欧語北欧文学研究 ……139
Null-Morphem ゼロ形態素 …………18
Null-Phonem ゼロ音素 ……………11
Numerale 数詞 ……………………20

O

Oberflächenstruktur 表層構造 ……42
Objekt 補足語 ……………………28
Onomatopoetikum オノマトペ ……87

P

Palatal 硬口蓋音 …………………8
paratktische Zusammensetzung 並列的合成 ………………………25
parole パロール …………………92, 93
Partikel 不変化詞 …………………119
Pausenfüller ポーズフィラー ……120
performative Äußerung 遂行的発話 ……………………………99
performatives Verb 遂行動詞 ……99

Perlokution 発語媒介行為 …………101
perlokutionärer Akt 発語媒介行為 …………………………………101
perlokutiver Akt 発語媒介行為 …101
phatischer Akt 用語行為 …………101
Phon 素音 …………………………5
Phonem 音素 ………………………5
Phonemik 音素論 …………………9
Phoneminventar 音素目録 …………11
Phonetik 音声学 …………………6
phonetischer Akt 音声行為 ………101
phonetische Schrift 音標文字 ……4
Phonologie 音韻論 …………………4
phonologische Komponente 音韻部門 ……………………………42
Phrase-Marker(P-Marker) 句構造標識 ……………………………40
Polysemie 多義 …………………56
Prädikat 客語 ……………………28
Prädikationsakt 述語行為 …………102
Prädikativum 客語補充詞 …………28
Präfix 接頭辞 ……………………24
Prager Schule プラーグ学派 ………81
Pragmalinguistik 実用論的/語用論的言語学 …………………………98
Pragmatik 実用論/語用論 ………3, 95
Präposition 前置詞 ………………20
Präsupposition 前提 ………………85
Prinzip der Kooperation 共同の原理 …………………………………106
Pro-Form 代用形 …………………75
Progression eines gespalteten

索　引

Themas 分割型テーマ展開 ………83
Progression mit einem durchlaufenden Thema 一貫型テーマ展開 …81
Progression mit einem thematischen Sprung 飛躍型テーマ展開 ………84
Progression mit von einem Hyperthema abgeleiteten Themen 派生型テーマ展開 ………………82
Pronomen 代名詞………………20
propositionaler Akt 命題行為……102
Prototypsemantik プロトタイプ意味論………………………………66

R

Rahmen フレーム………………85
Raumverhalten 相手との距離の取り方………………………………116
Rechtschreibung, Die 正書法辞典…68
Redebeitrag 発言順 ……………119
Redewendungen und sprichwörtliche Redensarten 慣用句辞典…………71
referentieller Akt 指示行為………102
Referenz 指示 …………………75
regulative Regel 統制的規則……102
Reibelaut 摩擦音 …………………8
Repräsentativum 陳述表示型の遂行動詞………………………………104
respondierender Akt 応答行為 …119
restringierter Kode 制限コード…128
Rhema レーマ……………………77
rhetischer Akt 意味行為…………101
Richtiges und gutes Deutsch 用法辞典………………………………70
Romanistik ロマン語ロマン文学研究………………………………139
Rückmeldeverhalten 聞き手のフィードバック …………………………120
Runenschrift ルーネ文字 ………55

S

Satz 文 …………………………72
Satzlehre 文章論 ………………27
Schwedisch スウェーデン語 ……53
Schwinglaut 巻舌音 ………………8
script スクリプト ………………86
Segment 切片 ……………………19
Sem 意義素性 ……………………62
Semantik 意味論 ……………51,95
semantische Komponente 意味部門………………………………40
semantisches Merkmal 意味素性………………………………39,62
Semiose 記号過程 ………………95
Semiotik 記号論 …………………87
semiotisches Dreieck 記号の三角形………………………………93
Sender 送り手 …………………74
Sigmatik 指示対象論 ……………95
Signal シグナル …………………95
signe 記号 …………………48,91,93
signifiant 記号表現 …………48,91,93
signifié 記号内容 ……………48,91,93
Sinn 意義 ………………………49
Sinn 本音………………………108

sinn- und sachverwandten Wörter, Die 類義語辞典 ……70
sinnverwandtes Wort 類義語 ……56
Skandinavistik 北欧語北欧文学研究 ……139
Slavistik スラヴ語スラヴ文学研究 ……139
Sociolinguistics 社会言語学 ……124
Sociology 社会学 ……124
Sondersprache 特殊語 ……132
soziale Beziehung 社会的な関係 ……120
Soziolekt 社会集団語 ……132
Soziolinguistik 社会言語学 ……124
Soziologie 社会学 ……124
Spirant 摩擦音 ……8
Sprachbarriere 言語障壁 ……131
Sprachlaut 言語音 ……4
sprachliche Kommunikation 言語コミュニケーション ……106
sprachliche Mitteilung 言語的メッセージ ……116
sprachlicher Idealismus 言語的観念論 ……92
sprachlicher Relativismus 言語的相対主義 ……92
Sprachsilbe 語綴 ……16
Sprachspiel 言語ゲーム ……100
Sprechakttheorie 発話行為理論 ……99
Sprechersignal 話者シグナル ……119
Sprecherwechsel 話者の交替 ……119
Sprechorgan 音声器官 ……6
Sprechsilbe 音節 ……1

Sprechwerkzeug 音声器官 ……6
Stammwort 幹語 ……24
stilistische Bedeutung 文体的意味 ……51
Stilwörterbuch, Das 文体辞典 ……68
Stimmführung 声の調子 ……116
stimmhaft 有声の ……9
stimmlos 無声の ……9
Struktur 構造 ……92
Strukturalismus 構造主義 ……92
Subjekt 主語 ……28
Substantiv 名詞 ……20
Suffix 接尾辞 ……24
Symbol シンボル ……88, 95
Symptom 徴候 ……95
synchronisch 共時的 ……52
Synonimie 同義 ……56
Syntaktik 結合論 ……95
syntaktische Komponente 統語部門 ……42
syntaktische Konversion 統語的変換 ……25
Syntax 統語論 ……28
System 体系 ……92
Szenarios 場面 ……66
Szene スクリプト ……86

T

tag-question 付加疑問 ……133
Terminus 術語 ……9
Text テクスト ……3, 72
Textlinguistik テクスト言語学 ……74

索　引

Thema テーマ ·················77
Thema-Rhema-Gliederung テーマ・
　レーマ分節 ···············79
thematische Progression テーマ展開
　·································80
Tiefenstruktur 深層構造 ······40
Transformationskomponente 変形部
　門·······························41
turn 発言順 ···············119
turn-taking 話者の交替 ········119
Typ 典型 ···················93

U

Umlaut 変音 ·················18
Umsetzung 品詞変換 ···········25
Unterschicht 下流階層 ·········127
Urindoeuropäisch 印欧祖語 ······53

V

Valenz 結合価 ················44
Valenzgrammatik 結合価文法 ···44
Verb 動詞 ····················20
Vergleich 直喩 ···············87
Verhalten 行動 ···············98
Verkürzung 短縮 ··············25

Verschlusslaut 閉鎖音 ··········8
Vokaldreieck 母音三角形 ·······7
Vorendkette 前終端連鎖 ······38

W

Wortbildung 造語 ·············24
Wortbildungsmorphem 造語形態素
　·································16
Wortfamilie 語親族 ··········53
Wortfeld 語場 ············58,59
Wortlehre 詞論 ··············27
Wurzel 語根 ···············53

Z

Zeichen 記号 ················87
zeichengebundene Präsupposition
　言語記号に結びついた前提·······85
Zeichentheorie 記号論 ······87
Zeitwort 動詞 ················21
Zitaten und Aussprüche 引用句・箴言
　辞典 ·······················71
Zusammenbildung 共成 ·······25
Zusammenrückung 合接 ······25
Zusammensetzung 合成 ······24

II. 人名索引

Adelung, J. Ch.	138	Klaus, G.	95
Aitchison, J.	66	Labov, W.	126,127,129,130
Austin, J. L.	99,100,101,102,104	Lachmann, K.	140
Bergmann, Ch.	21	Lambert, W.	126
Bernstein, B.	125,127,128,129,130	Marx, K.	137
Bosch, E.	66	Morris, Ch. W.	95
Bréal, M.	51	Müllenhoff, K.	139
Brüder Grimm	138,140	Ogden, Ch. K.	93
Bühler, K.	94,95,96	Peirce, Ch. S.	95
Celtis, C.	138	Richards, I.A.	93
Chomsky, N.	37,38,43,137	Saussure, F. de	
Daneš, F.	81,83		48,52,91,92,93,97,136
Engel, U.	44	Scherer, W.	139
Erben, J.	21	Schlegel, F. v.	140
Fischer, H.D.	5,133	Schmidt, W.	21
Fishman, J.	125,126	Schottel, J. G.	138
Gervinus, G. G.	139	Searle, J. R.	102,104
Glinz, H.	21	Tesnière, L.	44
Grice, H. P.	106,108	Trier, J.	60
Grimm, J. L. K.	138	Trubetzkoy, N. S.	9
Gross, H.	5,133	Weisgerber, L.	60
Helbig, G.	44	Wimpfeling, J.	138
Herder, J.G.	138	Wittgenstein, L.J.J.	66,100

著者紹介

乙政　潤 [おとまさ・じゅん] 京都外国語大学教授，大阪外国語大学名誉教授（ドイツ語学）

目録進呈 　落丁本・乱丁本はお取替えいたします。

平成 13 年 10 月 20 日	ⓒ 第 1 版発行
平成 14 年 3 月 30 日	第 2 版発行

入門ドイツ語学研究

著　者　　乙　政　　　潤

発行者　　佐　藤　政　人

発行所

株式会社　大 学 書 林

東京都文京区小石川 4 丁目 7 番 4 号
振替口座　　00120-8-43740
電　話　(03) 3812-6281〜3番
郵便番号112-0002

ISBN4-475-00920-0　　　写研・横山印刷・文章堂製本

浜崎長寿・乙政　潤・野入逸彦編集
「ドイツ語文法シリーズ」
第Ⅰ期10巻内容（※は既刊）

第1巻
※「ドイツ語文法研究概論」　　　　　浜崎長寿・乙政　潤・野入逸彦

第2巻
「名詞・代名詞・形容詞」　　　　　浜崎長寿・橋本政義

第3巻
「冠詞・前置詞・格」　　　　　　　成田　節

第4巻
「動詞」　　　　　　　　　　　　　浜崎長寿・野入逸彦・八本木　薫

第5巻
※「副詞」　　　　　　　　　　　　　井口　靖

第6巻
「接続詞」　　　　　　　　　　　　村上重子

第7巻
「語彙・造語」　　　　　　　　　　野入逸彦・太城桂子

第8巻
「発音・綴字」　　　　　　　　　　野入逸彦

第9巻
※「副文・関係代名詞・関係副詞」　　乙政　潤・橋本政義

第10巻
※「表現・文体」　　　　　　　　　　乙政　潤

乙政　潤
ヴォルデリング　著　ドイツ語ことわざ用法辞典　Ｂ６判　376頁

浜崎長寿
乙政　潤　著　日　独　語　対　照　研　究　Ａ５判　248頁
野入逸彦

― 目　録　進　呈 ―